진보의 생활 0201250505

진보의 생활 0201250505

시인이 되겠습니다 · 지음

00

1계명(決)   1

2계명(死)   11

3계명(景)   21

4계명(慾)   31

5계명(事)   41

6계명(生)   51

7계명(義)   61

8계명(食)   71

9계명(住)   81

10계명(斷)   91

00

나는 나라는 말로 밖에는 진보를 말할 수 없다.
나는 나를 원료로만 생각의 과녁을 조준할 수 있다.
나는 삶을 유순하게 살라는 위선과 투쟁하지 않을 수 없다.
나는 내 몸에 붙은 최대치의 언어로만 문장을 조립할 수 있다.
나는 죽지 않을 수 없다.
나는 여태 살아 있다.
그러므로 나는 진보다.

자기 소개
20년 교사 생활을 했습니다.
30년 철학을 거의 독학으로 익혔습니다.
전자의 경력으로 《교사 가르고 치다》를 썼고,
후자의 이력으로 《철학 듣는 밤》, 《니체처럼》, 《감정계단》을 썼습니다.
'페이퍼르네상스' 유튜브와 '두 남자의 철학 수다'에서
별반 영향력 없는 말뽐새로 사람들을 진보로 꼬드기고 있습니다.
아름다운 옷과 음식과 집과 예술을 사랑합니다.
진보적 생활자입니다.

1계명: 패배를 포기하라!(決)

삶이 함부로 엉켜 있습니다.
거침없는 꿈들은 흩어지고 있지요.
마르크스에게 따졌습니다.
왜? 이 모양인가?
그가 말했습니다.
천국을 바라는가?
촌스러운 꿈에서 깼고,
날이 밝았습니다.

1.
최종심급에서 인간은 진보와 보수로 갈린다. 나는 진보다. 단언하겠다. 4.19와 5.18을 지지하고, 6월 항쟁과 촛불을 그리워하고, 프랑스 68혁명의 구호를 몸에 붙이고 산다.

"생활의 편의는 민중의 아편이다!"

"영혼 속에 타오르고 있는 불(루카치)"을 섬긴다. 앞날도 그럴 것이다. 내 확신의 반석 위엔 셰익스피어가 《줄리어스 시저》에 박아놓은 문장이 있다.

"우리의 잘못은 별이 아니라 우리의 굴종하는 영혼에 있다네."

보수는 내 적이다. '별'을 독점하는 무리인 탓이다. 그들의 승리는 독점이다. 굴종하지 않겠다. "누구도 마르크스가 실패자로 죽었다 말할 수 없다."(홉스봄) 보수는 싸움에 능란하지만, 진보는 패배를 포기한다. 별을 위해 불편하고 시커먼 어둠으로 달려드는 존재가 진보다. 총총, 빛을 확보하기 위해 허와 무를 자발적으로 감당한다. 몽상이라도 괜찮다. 인간은 꿈꾸는 존재다. 시고로 세태가 타락할수록 진보는 적들을 세미하게 측정하고 톺아본다. 생의 가치를 증명할 기회라고 웃는다. 위기에 강하기에 진보는 진리다.

"적이요! 정말 너는 우리들의 용기다."(임화)

2.

체제는 보수의 편이다. 경제와 정치만이 아니라, 생활의 밑단까지 진보는 허약하다. 그들은 이상적 별보다, 현실적 득으로, 생활의 좌표변경을 요구하고, 굴종까지 망각하라 권하며, 무지와 뻔뻔함으로 역사를 왜곡한다. 적과 아군을 분할해 예민한 인간성을 유린한다. 매체는 너도 수혜자가 될 수 있다고 선전한다. 이 무지막지한 유혹 앞에서 나는 루카치의 세계 진단을 왼다.

"유사 이래 세상사의 무의미함과 슬픔의 양은 증가하지 않았고, 다만 위로의 노래만이 어떤 때는 더 커지기도 하고 어떤 때는 보다 약해지기도 했을 뿐이다."

《소설의 이론》

진보의 벗들에게 위로의 말을 덧대려 한다. 진보를 섬기는 내 생활이 위로의 재료다. 생활이 부끄럽지만 않다면야 어둠은 충분히 겨룰만한 적이다. 떳떳하게 살면 충분하다. 페트라르카는 이렇게 말했다.

"거짓 옷을 입느니 차라리 영광 없이 사는 게 낫다."

진보는 지지 않는다. 성공을 지배라 여기는 이 타성의 보수적 습관에 농락당하지 말라. 승리는 타자를 종속시키는 권력의 취득이 아니라, 타자를 해방시키는 가치 높은 삶의 실현이다. "가장 섬세한 쾌락은 타인의 쾌락을 주조할 때 감각된다."(라 브뤼예르)

3.
패배하지 않으려면 지치지 말아야 한다. 피로가 누적될 때 근심이 늘고, 그 근심을 먹이삼아 보수는 침범한다. 동력을 구비해 두자! 정확한 언어를 수혈하면 싸울 수 있다. 나는 해가 바뀔 때쯤 루카치의 묘비명을 다이어리 구석에 박아두곤 한다.

> "쉴 새 없이, 그리고 지칠 줄 모르고 인간을 옹호하는 데
> 제 모든 능력을 발휘하였다."

거침없이 돌진하는 전사가 되자는 선동이 아니다. 진보의 동력 확보를 위해 낡은 민족주의와 배타적 국가주의를 고취시켜 연민에 호소하는 행티는 남루하다. 스스로 더 진보적이라 자인하며, 편을 갈라 친 뒤, 아군만을 옹호하려는 배타적 행위도 정치를 스포츠로 만드는 광신적 예외자의 논리요, 위선적 겉치레다. 인간을 옹호하려면 생활 속에서, 그 끈적한 낱낱의 하루에서 사유할 수 있어야 한다. 헤겔의 주장을 덧댄다.

> "본질적으로 사유란
> 우리 눈앞에 직접적으로 주어진 것에 대한 부정이다."

눈앞의 것들을 추종하면 즉발적 동력을 답보한다 해도 남루한 재생산이다. 부정만이 사유인 까닭이다. 사유는 비판이고, 비판은 근심을 무지르며, 진보는 그 언어로 지속된다.

4.
진보는 갈대가 아니다. 적응이 삶의 과녁이 아닌 탓이다. 눈앞에 당면 과제를 곱씹고, 더 높은 고지를 향한 상승의 전략으로 탑처럼 우뚝 선다. 지적의 권고를 몸에 붙인다.

"멈춰서 사유하라!"

반복컨대 사유는 직접적으로 주어진 것에 대한 비판이다. 그 비판의 밑절미가 생활이다. 생활에서 소외 없는 세력이 진보다. 진보는 아는 것과 사는 것이 같다. 대의가 무너진 풍파 속에서도 흔들림 없이 비판적으로 생활을 수선하는 수준이 살벌하다. 단단한 생활의 토대 없이 진보라는 말을 숭상하는 '추상적 이상주의'를 나는 혐오한다. 애국심을 자극해 국가주의를 미신처럼 받드는 무리들에 속지 않는다. 그들은 가짜다.

추상적 이상주의는 비약을 선전한다. 풍파에 찌든 노인들에게 국가주의와 민족족의라는 싸구려 약을 팔아먹는 보수들의 성향이다. 추상적 이상주의는 "유일하고 통상적인 현실로 설정된 이념에 의해 그 영혼이 마성적으로 홀린 상태(루카치)"다. 그들은 매일매일 밀려오는 수다하고 지독한 생활의 진전보다, 비약의 집단주의를 옹호한다. 생활에서 진보의 서판을 아로새길 줄 알아야 진짜 진보다. 몽테뉴의 《에세》 2권에 인용된 호라티우스의 말을 되새김해 볼 일이다.

"원했다가 팽개치고,
　금방 버린 것을 다시 원하고,
　항상 둥둥 떠다니고 있으니,
　그의 인생은 영원한 모순이다."

이 모순을 극복할 실력과 배짱으로 진보는 떳떳하다. 진보는 부유물이 아니다. 제 길을 가는 존재다. 그들은 연대를 찬동하지만 집단주의는 거부한다. 존재 각각이 오롯이 온전하다. 추상이 아니라 현실에서 각자 이상을 비빌 수 있어야 저 가혹한 보수의 유혹으로부터 탈주할 수 있는 까닭이다.

나는 진보의 극적인 힘에 취해 사는 '환멸적 낭만주의'도 경멸한다. 그들은 현실을 추레한 시간으로 탈락시킨다. 이들에겐 매양 삶과 마주하는 직접적인 고투가 아니라, "그 자체로 다소간 완전하며 내용적으로 충만한 순수하게 내면적인 현실이 더 중요하다."(루카치) 그들은 생활로 붙어 있는 질퍽한 문제를 해소해 웃기보다, 현실을 망각한 채, 환멸적 상상 속에서만 활기차다. 진보의 투지가 현실의 행위로 결속하지 않고 내적 포만감 속에서 자족하는 꼴이다. 도취적 쾌감에 삶을 방기하는 꼴이다. 낭만이라 조작된 환상이 현실을 대체하고, 몽롱한 상상력으로 행동의 불일치를 외면하는 꼴이다. 행동하기 위한 꿈이 아니라 꿈 자체가 목적인 꼴이다. 쾌감의 기분을 유지하기 위해 생활을 왜곡하는 꼴이다. 현실을 환상으로 대치하는 꼴이다. 꼴 같지 않은 꼴이다.

5.

"철학자는 축제 뒤에 온다."(마르크스)

촛불을 들어 적폐를 청산하겠다는 포부가 상실의 고통을 또 앓고 있는 이유인즉, 진보의 꿈이 보수의 탐심과 충분히 다르지 않았던 탓이고, 진보를 자청하는 우리들의 생활이 보수의 저 관성적 삶과 온전히 이격되지 못한 탓이며, 이상을 현실에 붙일 구체적 실력이 여물지 못한 탓이다. 축제가 끝났으면 길을 열어야 했다. 답답하고, 먹먹하며, 까다로운 생활의 최전선에서 진보의 가치를 진전시켜야 했다. 우리는 안일했고, 비겁했으며, 무력했다. 그러나 우리에겐 더 가혹했던 역사에서도 패배를 패배시킨 전적이 있다. 실패하고, 또 실패해도, 우리는 여태 살아 있다. 그러므로 토마스 모어가 《유토피아》에 박아둔 이 말들을 생활 곳곳에, 일상의 시간에 박아두고 기억할 자격이 충분하다. 꿈을 박멸하는 세력들에게 거침 없이 떳떳할 기회는 무한한 것이다.

> "사유재산이 존재해서 돈이 모든 것을 평가하는 척도가 되는 곳에서는 정의롭고 살기 좋은 나라를 만드는 일이 거의 불가능하다고 생각합니다. 가장 악한 자들이 가장 좋은 것을 차지하는 곳에 정의가 존재한다고 생각하거나, 인간의 삶에서 필요한 것을 극소수가 나누어 갖지만, 그 극소수조차도 언제나 행복하지 않고 대다수 사람은 궁핍하고 비참한 삶을 살 수밖에 없는 곳에 행복이 존재한다고 생각할 사람은 아무도 없기 때문입니다."
>
> 《유토피아》

6.

"길이 시작되자 여행은 끝난다."(루카치)

진보의 길을 낼 시간이다. 대로가 아니라 샛길이다. 보수의 질주가 놓친 삶의 무늬들을 엮어, 그들이 주조할 수 없는 고유한 이치를 발명하자. 니체의 말따나 진짜는 "남들이 버린 것을 독점"할 줄 안다. 진보는 진짜다. 필요한 것이 저들에게 없으면 우리는 지지 않는다. 긍정의 본능으로 가고자 하는 길을 뚫자. 마틴 루터 킹은 이런 말을 남겼다.

"걷지 못하면 기어라!
 당신이 무엇을 하든 앞으로 나아가야 한다는 것만 명심하라!"

이념 투쟁할 겨를이 없다. 보수는 진보의 비용(김영민)일 뿐이다. 보수가 이념처럼 감각되면 벌써 부패하고 있는 것이다. 말다툼에 낭비할 존재의 시간을 생활에 투사하는 것이 현명한 진보의 역능이다. 진보의 기원이 바로 오늘인 까닭이다. 지치지 않을 권리와 꿈의 의무가 오늘을 주조하고, 그 오늘이 쌓여 생활이 춤추고, 그 생활이 역사를 구축한다. 시고로 역사는 진보적 삶의 보상이요, 진보를 향한 인간 낱낱의 고통과 환희가 영원성을 획득한 증거다. 보수는 죄다 가짜다. 이렇게 묻자!

"어찌 진보가 아닐 수 있겠는가?"

7.
가난한 진보가 부유한 보수보다 낫다.
당당하라! 지독하게!

"어떤 확고한 목적에 따라
자기의 전체적인 삶을 구상하지 않는 사람은
자신의 구체적인 행동들을 제어할 수 없다."

-몽테뉴,《에세》

2계명: 제대로 죽기를 욕망하라!(死)

죽겠다고 말하지 말고,
제대로 죽고 싶다고 말해보시죠.
삶이 벅벅이 고단할 뿐
죽음은 아프지 않습니다.
어스레한 시대에도 감히
명랑하고, 쾌활하고, 경쾌한 삶에
군소리 없이 몰입하는 사람들이 있습니다.
그들을 진보라고 영광스레 불러보지요.
제대로 죽고픈 존재들입니다.

1.

제대로 죽기로 한다. 화장터에서 뼈 가루를 쓸어 담는 무표정한 꼴을 나는 여러 번 체험했고, 염하는 장의사의 상투적 미소를 익히 기억하며, 꺼이꺼이 눈물을 흘렸다가 며칠 만에 사자의 기억을 덮어 가리고는 영생을 누리는 태도로 일상에 바삐 복귀하는 모습도, 다소 보았다. 그들은 애도를 모른다. 체제의 하수인들이며, 보수다. 이 변색된 감성 탓에 다수의 장례식장은 수다한 분리수거장 옆으로 바삐 치워졌다. 나 또한 같은 대우를 받을 처지다. 용납하지 않겠다.

"죽음을 망각하라!"는 시대의 명령에 반항하기로 한다. 차라리 죽음을 상상하며 살련다. 그것만으로 이 시대의 지배논리를 거역하는 쾌감이 깊어, 되레 달달하다. 이 쾌락은 불협화음이다. 고독으로 빨려갈 수 있다. 알고 있다.

그러나 진보는 지배 논리에 탈주하는 쾌락을 포기하지 않는 존재다. 그 반항을 용기로 치환하는 배짱과 실력은 생활에서 연마된다. 죽음에 대한 핑계와 요령이 절멸해야 삶의 무늬가 아로새겨질 수 있다. 비참한 죽음에서 빗겨 사는 기쁨에 젖기 위해 나는 소크라테스의 고명한 말을 섬긴다.

    "철학은 죽음에 대한 준비다."

2.

죽음애가 아니다. 나는 움트는 봄이 좋고, 여름에 끓어오르며, 가을에 고독하고, 겨울엔 신경통 탓에 아프다. 죽음애는 죽음을 애무하는 것이 아니라 생을 저주하는 것이고, 어둠의 공포에 쩔쩔매는 발버둥이며, 생과 사의 필연성을 외면하는 여린 정서다. 제대로 죽기 위한 의욕은 타나토스(죽음의 힘)를 숭배하는 전사적 열기가 아니라, 에로스(sola vita)와 매양 접선하는 어린아이의 긍정이다. 죽음의 필연성을 떳떳하게 인식하고 생기롭게 살겠다는 선언이다. 토양의 붉음과 빛의 노랑이 습합해, 황홀한 주황빛 노을을 만들듯, 고운 삶은 저물어가는 순간에 입가에 머무는 생기 높은 미소다.

> "죽음의 위험은 회피의 대상이 아니라 오히려
> 무의식적 차원의 매혹의 대상이다."(바타유)

차라리 죽음의 매혹에 감염되자. 저 노을의 낭만을 깨닫는다면, 삶의 강건을 위한 죽음의 요구 조건을 직관할 수 있다. 미국의 죄수들에게 주황색 옷을 입히는 이유인즉, 그들에게 저무는 빛으로 삶의 부활을 도모시키려는 집단적 무의식의 발현일 테다. 죽음의 원천으로부터 구제하고픈 욕망은 죽음을 삶에 바짝 붙일 부활의 기회라는 뜻이겠다. 죽음을 학습해야 한다.

> "죽음의 손길이 스쳐간 거장의 손은 형태를 만들기 위해
> 사용하는 재료 덩어리를 자유롭게 놓아준다."(아도르노)

3.
"과거에 고착되거나 그것을 내팽개치지 말고 새 미래를 만드는 데 애쓰자(윌리엄 제임스)"는 실용주의적 각성이 아니다. 죽음조차 유용성에 볼모로 삼을 순 없다. 비트겐슈타인이 전장에서 죽음과 대면했을 때 남긴 일기가 내 지침이다.

"이제 나에게 훌륭한 인간이 될 기회가 왔다.
왜냐하면 나는 죽음과 마주 보고 있기 때문이다."

훈련병 시절 나는 거의 정신병적 진단을 얻었고, 탈영병이 될 위기(기회)도 더러 있었다. 쉬는 시간만 되면 변소(결코 화장실이 아닌) 구석에서 탈영의 꿈을 지독하게 꾸었다. 이 욕동은 감금된 시공간에 대한 자유의 구토였다고 지금은 진단한다. 배치를 받고 이등병이 된 나는 보초 근무처에서 고참이 조는 틈을 노려, 탈출을 시도했을 때, 철사에 손목이 찢기고 적지 않은 피가 팔꿈치 쪽으로 떨어진 뒤, 각성했다. 솔솔 피어나는 뜨거운 피가 신경증적 죽음애를 꺾었다. 보급 받은 런닝구(그것은 Run과는 무관하다)를 찢어 손목을 감아 몰래 지혈 하고는 숙소로 귀환해 소리 없이 몇 시간을 울었고, 기상나팔이 울렸고, 일과는 시작됐고, 내 고뇌를 알 리 없는 무능한 전우들 덕분에 무사히 넘길 수 있었다. 뜨거운 피가 알려 주었다.

"생은 반드시 끝난다."

4.
"상징은 무엇보다 사물의 살인 속에서 나타난다."(라캉) 나는 나라는 사물을 살해한 뒤, 존재를 찾는 용기를 얻었다. 나는 죽음애가 솟을 때마다 시를 썼다. 프로이트의 책을 옆에 두고 이해도 가지 않는 단어들을 조립하였는데, 운 좋게도 국방부가 주관하는 작은 공모에 당선돼 휴가를 얻었다. 죽음과 대면한 승리의 포만에 껄껄 웃었다. 암 선고를 받고 일리치는 이런 말을 남겼다.

   "죽음에 이르기까지 몇 분 몇 초밖에 남지 않았을지라도,
    안녕이라는 작별 인사를 온전히 제 의지로 할 수 있는 것이다."

제대로 살기 위해선 제대로 죽어야 하고, 제대로 죽기 위해선 죽음의 공포인 고독이란 비용을 충분히 지불할 역량이 요구된다. 오늘만 사는 생은 스스로를 객으로 대우하는 자발적 소외이자, 비겁함이다. 이 비겁함을 겁탈할 수 있을 때 생의 과업과 만난다. 저마다 제 운명에 응답하는 특별한 형태의 깃발이 탄생하는 것이다. 죽음의 필연성을 깨달을 때 존재의 길이 열린다. 진리는 사나운 것이고 (니체), 인간은 죽음과 근접할 때 제대로 살 수 있다. 전면이 아닌 배면을 장악하라!

   "소심한 자여, 너는 이런 미답의 황야에
    더 멀리 들어가기 전에
    네 발길을 앞으로가 아니고 뒤로 돌려라."(바슐라르)

5.
"수고가 끝난 후의 수면, 폭풍우 치는 바다를 항해한 후의 항구,
 전쟁이 끝난 후의 안락, 삶 다음의 죽음은 기쁨을 주는 것이다."(콘래드)

콘래드는 폴란드 귀족 가문에서 태어났다. 부모는 외세의 지배에 저항했고, 유배당했으며, 고통스럽게 죽었다. 외삼촌의 보호를 받았으나 그를 키운 것은 책이었다. 러시아 제국주의에 저항한 아버지는 물적 풍요를 얻는 요령(경제)보다, 문학적 소양을 존재에 으뜸에 두고는 모국의 언어인 폴란드어를 가르쳤고(존재), 프랑스 문학을 자식에게 소개했다. 콘래드는 항해와 탐험에 관한 책을 즐겨 읽었다. 문자에 박힌 바대로 살기로 작정한 뒤, 스물 네 살의 늦은 나이에 배를 탔다. 선원 생활의 고투 속에서 한 때 도박에 흠뻑 빠져 방탕하게 생활했으나, 오히려 이 밑바닥의 생활이 반동을 일으켜, 영국 상선에 올라 탈 기회가 되었고, 영어로 작품을 쓰게 되는 계기까지 마련했다. 1894년 선원생활을 마감하고 본격적으로 창작 활동에 돌입했는데 모든 작품을 영어로 썼다. 1874년부터 시작된 바다 위에서의 생활은 그의 작품에 중요한 소재였다. 대표작인 '로드 짐'은 동남아시아 항해를 경험으로 한 것이며, '노스트로모'는 1876년의 서인도 제도 항해를 바탕으로 했다. 철학자이자 노벨문학상 수상자인 버트란트 러셀은 아들의 이름을 콘래드라고 지으며 "내가 늘 가치를 발견하는 이름"이라 고백했다. 콘래드의 단편 《태풍》의 주인공 맥퀸 선장은 위기의 순간을 넘기고 난 뒤, 일등 항해사에게 이렇게 말했다.

> "뱃머리를 가장 강한 바람 쪽으로 돌려야만
> 어려움을 이겨 낼 수 있다네."

강한 바람 쪽으로 머리를 들이 밀어야 삶은 제 길을 찾는다. 생명 속의 죽음이야말로 그 바람이다. 비상 또한 바람의 저항력이다. 추진력과 바람이 만나야 양력이 발생하고, 그 양력은 중력에 승리해 비행체를 하늘로 띄운다. 삶이 추진체라면 바람은 죽음이다. 제대로 죽기를 욕망할 때, 진짜 삶의 감각이 열린다. 바람이 없으면 진보할 수 없다.

죽음의 상상력은 공동체를 향한 욕구이기도 하다. 국가의 이름이 아니라 이웃의 고통 때문에 목숨을 거는 사람이 진짜 애국자고, 교리보다 공동체를 위해 죽음의 길로 들어서는 순교자가 진짜다. 죽음은 부재와 외존의 경험 즉, 나에게 주어진 규정이 무효화되는 경험이고, 익명적 실존으로 되돌아가는 경험이다. 시고로 "죽음은 공동체와 분리해서 존재할 수 없는데, 왜냐하면 공동체가 스스로를 드러내는 것은 죽음을 통해서이기 때문이다."(낭시)

모든 인간은 각자 죽고 환생은 없다. 이 사실을 깨닫는 존재들은 흩어질 미래를 예견하기에 사람과 사람의 완강한 붙임을 욕망한다. 어설픈 짜깁기 연대가 아니다. 단수적 죽음을 복수적 삶으로 응대하려는 열정이 진보의 정신이다. 제대로 죽기 위해 제대로 사는 것이고, 제대로 살기 위해 제대로 함께 사는 것이다.

6.
온전한 공동체를 꿈꾸는 자는 온전한 인간이길 바라고, 온전한 인간이길 바라는 자는, 삶에서 죽음을 분리할 수 없음을 인준한다. 제대로 사는 인간임을 바라는 세력이 진보다. 진보는 결코 죽음을 배격하지 않는 세력이다.

목숨이 붙어있다고 살아 있는 것이 아니다.(바디우) 존재의 가치와 삶의 의미가 지속적으로 구축하는 시간에서나 목숨은 의미와 가치를 얻는다. 진보는 정의상 희망의 편이지만,(로티) 희망은 죽음만큼 서늘한 것이다. 이를 감지할 언어에 무력하다면 잘못 배운 것이고, 감당할 배짱이 없다면 잘못 살아온 것이다.

재편해야 한다. 먼 길을 왔어도 그릇된 방향이면 가지 않는 것만 못하다. 우리는 사물이 아니고 기어이 사실도 아니다. 미토콘드리아의 자생력으로 에너지를 생산하며 산다. 가능할 때까지 밀어 붙여야 겨우 생을 잇는다. 제대로 살기 위해선 제대로 죽어야 한다.

중요한 것은 죽음을 피할 수 있는가 없는가가 아니라, 죽기 전에 내가 나 자신을 충분히 실현시키기 위해 최선을 다했는가(파농)를 그때그때마다, 생활의 밑바닥에서, 성근 일상의 무대에서 역동으로 증명해 내는 일이다. 하루가 죽으면 일생의 유일한 그 시간이 죽은 것이다. 죽은 시간은 소환되지 못한다. 삶과 죽음, 존재와 무는 분리될 수 없다.

7.
초신성은 별의 갑작스런 죽음이다.

"철학을 하는 이유는 바로 이겁니다.
 욕망이 있기 때문에,
 현존 속에 부재가 있기 때문에,
 생체 안에 죽음이 있기 때문에,(……)
 사실 말해서, 어떻게 철학을 하지 않을 수 있답니까?"(리오타르)

3계명: 나를 찾지 말라!(景)

어제의 내가 오늘의 나를 포박합니다.
녀석은 똑똑하고, 딱딱하며, 오묘하죠.
반성의 숭배자, 부활의 천재, 보수주의자입니다.
내일의 내가 갈팡질팡 뒤뚱거립니다.
어제를 이해코자 오늘을 준엄히 조여도,
내일의 불안이 현재를 지우죠.
오늘이 어제에게 대들고,
내일의 편에 섰습니다.
어제의 나를 삭제시켜도 괜찮습니다.
내일의 우리를 기립시키기 위해!
우리의 길은 위로 나 있습니다.

1.
오늘의 나는 어제의 내가 아니다. 내 물성의 지속은 고작 여섯 달이며, 내 안의 심리는 찰나에도 매양 전복된다. 개별 인간의 기원은 없다. 나를 찾는 행위는 성가시기만 하고 소모적인 헛일의 한 표본이다.

나와 나 사이의 거리는 극복될 수 있는 것이 아니다. 근본적인 것이다. 나는 나에 닿지 않는다. 어제의 나는 오늘의 내가 아니고, 미래의 나는 오늘의 산출물이 아니다. 내 속엔 영구한 타자가 산다. 나와 나 사이엔 이방인이 끼어 있다. 알튀세르는 이렇게 말했다.

> "나는 아무것도 아닌 것에서 시작된다."

나라는 기원이란 신기루다. 우리는 각자 헤라클레이토스의 불처럼 태고부터 흘러가는 시간의 열차를 매일 갈아타는 행인이다. 시작도 끝도 없이 날마다 숨 쉬는 존재다. 변덕이 인간의 본질이란 뜻이 아니다. 나를 찾을 수 있다면 자동적으로 충만한 인생이 펼쳐질 것처럼 호도하는 보수들에게 속지 말라는 권유다. 내 안에 나는 없다. 나를 찾지 말라! 확고한 나 자신이란 거짓 선전이다. 스스로를 알기 위해선 세계 전체와 상대해야 한다. 인간은 유적 존재(Gattungswesen를 초과하는)다. 인간은 흐른다.

> "바보들이나 늘, 뭐든 확실하고 확고하다."(몽테뉴)

2.
방랑하는 존재가 인간이다. 그럼에도 불구하고 삶을 지배한다. 분열된 자신을 인준하면서 존재를 발굴하는 것이다. 우리는 죄다 통수권자요, 명령권자다. 뒷날보다 앞날에 몰입한다. 인간은 무한한 진보다.

> "나 자신이 통제하고 있는 '안정된 통일체로서 나'는
> 나 자신이 아니라 오래된 쾌락의 일부일 뿐이다."(알튀세르)

안정된 통일체로서 나를 찾겠다는 희망은 오래된 쾌락을 복원하겠다는 의욕과 같다. 보수의 논리다. 생활이 관성으로 찌들수록 과거를 소환하며, 순수 시간 속으로 빨려 들어가, 사념과 향수에 빠지는 이유다. 현재와 미래는 그렇게 남루해진다. 노스탤지어는 가짜다. 과거의 나는 순수하지도 본질적이지도 않다. 우리는 속고 있다. 미진한 오늘의 생기를 방출해 이득을 챙기는 탐욕적 기득권자들의 논리와 전통이란 명목으로 미래의 가능성을 차폐하는 보수주의자들에게 볼모로 잡힌 것이다.

나를 찾기보다 현금의 나를 생산한 필연성을 의심해야 한다. "군주가 되기 위해선 인민이 되어야 하고"(마키아벨리), 진보가 되기 위해선 보수가 될 수 있어야 한다.

> "앎 뿐 아니라 의심하는 것도 나는 즐겁다."(단테)

3.
반복컨대 나는 당연한 내가 아니다. 현대인들은 거의 호명 주체다.(알튀세르) 스스로 이름을 붙일 수 없다. 생산성이 늘어, 사회 구조가 탄탄해져 생존의 위협으로부터 이격된 뒤, 인간은 그 구조의 역할에 따라 제 길을 분배받으며, 겨우 이름을 얻는다. 의사, 검사, 판사, 교수, 노동자, 사업가, 심지어 알바생이란 칭호가 각자의 존재 의미다. 안전이 자유를 결박한 것이다. 생의 대부분을 일에 매달려야 한다. 목숨을 건 도약을 포기하는 보상으로 인간은 역할 분담 속에 사물처럼 굳어졌다.

이 서늘한 구속을 망각하기 위해 발굴한 개념이 '개인'이다. 현대인들이 나를 찾기 위해 안간힘을 쓰는 이유는 나를 찾을 수 없는 사회에 대한 저 끔찍한 구조적 폭압으로부터 잠시 벗어나기 위한 일탈 욕망이다.

> "진정 개인 그 자체는 최근의 산물이다."(니체)

사회 구조로서의 체제가 우리를 불러 세울 때, 비로소 우리는 이름이 되고 잠시 존재의 가치를 맛본다. 휘발하고, 대체되며, 임시적이다. 자신을 설명하는 이름 앞에 직책과 소속을 삭제시켜 보라. 무엇이 남는가. 과잉생산을 받치는 맹목적 노동 시간 바깥으로 탈주를 꿈꾸는 이유다. 그러나 이 또한 녹록치 않다. 맛깔난 쉼의 시간엔 스펙타클한 소비의 강탈이 시작된다.

4.

생산의 시간에 몸을 혹사당했듯 소비의 시간엔 정신이 강탈당한다. 소비의 주체로 변신해야 겨우 대우 받는 세상이다. 호명주체로 육체를 소모시켜 모은 귀한 임금은 스펙타클한 기호의 제국을 지탱하는 싸구려 자본에 강탈당한다. 기술이 발달해 내 행위의 단서들이 빽빽한 알고리즘으로 정립될수록, 째깍째깍 알맞게, 존재의 허기를 달랠 상품이 전시되고, 클릭 몇 번으로 목숨 값을 쉽게 탕진해 버리는 것이다. 자발적 복종에 익숙한 체질이 주조되는 이치다. 기존질서에 순응하는 체질이다. 보수의 체질이다.

체제가 주체고 나는 객체다. 이 완고한 객체는 관능적 대우를 받기 위해 더 강렬히 돈을 벌어야 한다. 우리의 현실은 생산과 소비의 시간 속에 묶여 있다. 기호의 제국, 가짜의 세계다. 나처럼 보이지만 내가 아니고, 현실처럼 보이지만 가상이다.

> "개인적 현실은 존재하지 않으며,
> 단지 가상적으로 보이는 것만이 용인된다."(기 드보르)

내가 나일 수 없는 이유는 주체가 이데올로기에 의해 감금당했기 때문이 아니라, 우리가 이데올로기를 재생산하는데 적극 참여하고 있기 때문이다. 우리는 일하면서 체제에 기여하고, 소비하면서 체제에 봉사하며, 나를 찾는다고 또 다시 체제에 동원된다. 이 가혹한 악순환의 고리를 끊어야 한다.

5.
우리를 호명하고 있는 이 은밀한 강탈에 저항하려면 과격하리만큼 익숙한 것들과 결별해야 한다. 생활에 바짝 붙어있는 이데올로기는 단절로부터 드러난다.(발리바르) 직장을 떠나야 그 부조리가 보이고, 학교를 졸업해야 그 허송의 시간이 안타까워지며, 집에서 떠나봐야 신파의 그 보수적 유치함을 감각할 수 있다. 익숙한 곳에서 위로 받고자 하는 안일한 습성이 나에 대한 집착을 주조한다.

제 자신으로부터도 단절해야 한다. 나를 버려야 한다. 개성이란 개념이 사슬을 끊고, 삶의 여백들을 주워 모아, 은밀하고 가히 친절한 이 스펙타클적 억압으로부터 해방돼야 한다. 나를 지울 때, 새로운 내가 탄생하는 것이다. 개인을 지상 최대의 가치로 둔 시간은 오래되지 않았다. 자신을 충분히 사랑하려면 자신과 결별해야 한다. 체제가 구성한 나는 진짜가 아니다.

이미 알고 있는 상식과 지각을 탈각하기로 하자. 의도치 않아도 거짓된 삶이 가능하다. 독창적인 삶은 기존의 것을 견고히 세공하는 자기계발이 아니다. 차라리 아프게 홀로 가자. 자발적으로 독단적 삶에 모험을 걸자. 고독은 비용이 아니다. 해방을 위한 단절의 수련 기회다.

"너희들 자신에 대한 좋지 못한 사랑,
  그것이 너희에게 고독을 일종의 감옥으로 만들어버린다."(니체)

6.
일론 머스크는 세계를 물리학적으로 이해하려 한다. 필연적 법칙을 찾아 간명하게 세계를 주무르고픈 오만한 욕심이다. 생명의 인간을 기계처럼 다루려는 의도다. 제1원리를 찾아 모든 것을 필연성의 맥락에서 정리하고픈 욕구다. 그러나 세계는 물리 법칙이 아니며, 인간은 필연성의 산물이 아니다. 스피노자는 이렇게 말했다.

"필연성의 우연성뿐만 아니라 또한 그 뿌리에 있는
우연성의 필연성을 사고하지 않는다면
말할 게 무엇이 있겠는가."

필연의 우연성을 오류로 정의하고, 그 오류를 점검해 무결한 필연성을 주조하려는 이론은 거짓이다. 그 거짓으로부터 조립된 문명 또한 환상이다. 숫제 필연성의 확립은 삶의 박제화다. 사유는 우연성의 필연성을 톺아보는 노동이다. 필연성의 논리로 도저히 이해할 수 없는 돌발적 틈이다. 이 공백을 허무라 불러도 좋다. 없음으로의 몰락 또한 인간의 운동이며 생기다. 상승의 이상도 뜨겁지만 몰락의 활강도 쾌활할 수 있다.(니체) 우연성을 촉발할 불완전한 부분이 없다면 인간의 의욕은 소멸할 것이다. 삶을 잘 사는 기술은 우연성과 불완전성의 균열을 봉합하며 출현한다.

"기술 중에 가장 위대한 기술, 즉 잘사는 기술을
그리스인들은 공부가 아니라 삶을 통해 습득했다."(키케로)

7.
이데올로기는 의식과 관련이 없다. 그것은 생각이 아니라 감수성이다. 세계를 체감하는 방식이다. 자의식에서 해방돼야 할 이유다. 나를 의식한다고 내가 의식되지 않는다. 체제로부터 호명된 개인에게 생각은 체제가 주입한 주술적 언어다. "체계적 식민화의 그늘과 같은 것이다."(김영민)

"완성된 사실의 필연성에 입각해 사고하는 것이 아니라 완성해야 할 사실에 입각해서 사고(알튀세르)"해야 한다. 새로운 삶의 양식은 낡은 인식의 단절로부터 열린다. 끊어야 새롭게 나아갈 수 있다. 살아 있는 그 자체를 옹호하기 위해 죽은 사물의 논리를 빗겨가야 한다. 나를 찾는다고 나를 죽일 순 없다. 상승의 의욕이라도 좋고 차라리 하강의 몰락이라도 괜찮다. 존재는 운동이고, 운동은 변화며, 변화는 진보다.

"현존재는 존재의 보호자다."(하이데거)

살아 있음은, 그 존재 즉, 바로 이 순간들을 체험하는 현존재가 존재의 보호자고, 그 현존재의 변동을 수긍하는 태도가 몸으로 장착될 때, 인간은 필연성의 개체로부터 탈주해, 우연의 필연을 믿는 '존재 그 자체'에 근접할 수 있다. 자의식의 강박에서 빗겨난 새로운 삶의 양식이 창안되는 것이다. 나를 비워야 나를 채울 수 있다. 내 안에 나는 없다.

8.
나를 찾지 말라!
차라리 나를 해체시켜라!

"나를 변화시키는 새로운 것을 배우면,
 내일의 그 '나'는 아마도 다른 나가 되어 있을 겁니다."

-몽테뉴,《에세》

4계명: 남들이 버린 것을 독점하라!(慾)

남들의 소유물을 부러워하지 마세요.

부러워하면 그들은 독점을 가속합니다.

부러워할 수 없는 것,

버려진 잉여 속에

기회를 찾아 보세요.

세계는 크고 우리에겐 시간이 있습니다.

푸념만은 피해주세요.

부족하고 고되기에 삶은

다만 있는 것이 아니라,

반드시 있는 것입니다.

1.

승자는 쾌활하다. 잔인한 이치다. 우울이 깊다면 패배의 체험이 짙다는 뜻이다. 명랑은 승리의 대가다. 위로의 말들은 대개 가짜다. 결과보다 과정이라는 훈계가 패배의 치욕까지 책임질 순 없다. 덧말이 더 쓰리다.

    "이기려 하지 마라! 즐기면 된다."

자가 최면 요령까지 습득하라는 권고다. 한풀이조차 봉쇄하는 술수다. 친절한 명령은 불공정한 체제의 은폐 전략이고, 기만이며, 사해(詐害)다. 패배의 쓴 맛은 패배의식을 개선하는 것이 아니라, 패배의 원인을 제거함으로써 회복된다. 승자를 늘려야 한다. 독점을 용납할 순 없다. 어떻게 가능한가?

    첫째, 기회를 늘린다.
    둘째, 경쟁률을 낮춘다.

돈이 기회인 세계에선 첫째 전략은 불가하다. 청담동 아이들은 착하다는 전언은 씁쓸하고, 절묘하다. 흠이 적기에 선한 것이다. 시고로 승부의 기회를 늘리는 전략은 비현실적이다. 경쟁률을 낮추는 방법 밖에 대책이 없다. 어떻게 가능한가?

"남들이 버린 것을 독점하라!"

2.

버린 것을 주워 모아, 느슨한 경쟁을 유희삼고, 게으를 권리를 찬양하라는 뜻이 아니다. 늘어지는 삶이 최악이다. 삶의 낭비는 질 좋은 쾌락이 아니다. '뭐든지 할 수 있다'는 자기계발의 허구만큼, '내려놓으라'는 말의 순응성은 체제를 옹호하는 보수의 전술이다. 친절한 폭격이 더 끔찍하다. 도취와 환각을 부추겨 현실 감각까지 탈각시킨다.

제대로 싸워보지 못한 인간이 쾌활할 순 없다. 모두가 승리자라는 구호는 환각이다. 차라리 치열한 경쟁에서 패배해 진한 몰락을 경험하는 삶이 덜 누추하다. 인간은 우연의 먹이가 아니라, 제 운명의 선장이다.(코와코프스키) 진보는 운명을 의식적으로 주조한다.

빈틈은 있다. 다수가 가지 않는 길, 눈 맑은 사람들에게만 열리는 보물들이 천지에 무궁하다. 세계는 넓고 역사는 깊다. 이 세계가 당연하지 않다는 자각으로부터 시작하자.

> "현대 정치의 문제는 자본주의 사회 체제를
> 자연적인 것으로 받아들인다는데 있다."(지젝)

자본주의는 발명품이다. 낡아지면 버려야 하고, 고장 나면 수리해야 한다. 역사도 짧고 온전하지도 않다. 명분도 헐겁다. 빈틈이 수다하다. 겨뤄볼 만한 상대다.

3.
체제의 요구대로 죽을힘으로 살다가 의미 없이 사망하는 일은 그만두자. 직업은 존재 실현의 도구가 아니라 생존의 조건일 뿐이다. 생의 업보(운명)가 삶(존재의 이유)의 과업일 순 없다. 꽁무니 쫓다가 콩고물 받아먹는다 해서, 사는 맛이 인출되는 것도 아니다. 타인의 그늘에 종속된 삶이 직업의 세계다. 직장은 직장일 뿐이고, 직분은 임의의 호명이다. 전략을 제대로 세워야 존재의 빈곤에서 탈출할 수 있다. 무엇부터 해야 하는가? 미국적 실용주의자(프래그머티즘)의 권고를 듣는다.

> "당신의 개념이 가리키는 대상의 효력을 생각해 보라.
> 그러면, 그러한 효력을 갖는 당신의 개념이
> 대상에 대한 당신의 개념 전체이다."(찰스 퍼스)

내가 접선한 대상이 내 몸에 미치는 효력이 내가 인지하고 있는 대상의 개념이다. 인간은 생각대로 느끼지 않고, 느낀 대로 생각한다. 예컨대 돈에 흥분하면 돈의 개념에 철저할 것이고, 자연에 대해 호감이 깊다면 자연을 개념화할 것이다. 핵심은 몸이다.

물론 배타적 정보를 모으고, 영혼을 갈아 넣어, 애쓰고 애쓰면, 축적된 자본으로 승리자가 될 수도 있다. 머스크가 그랬고, 잡스가 그랬다. 다만 비용을 가늠하자. 확률을 따지고, 실용적으로 따져 묻자. 승부를 걸만한 싸움인가?

자본의 승자가 되기 위해 각성과 도핑의 시간을 반드시 살아 내야 한다. 생명 에너지의 전부를 대출해 쓰고, 투자할 자금이 축적되면, 몇 번의 행운을 거쳐, 재투자에 성공해야, 겨우 승자(부자)가 될 수 있다. 행운도 붙어줘야 한다. 도박이나 복권과 다를 바 없다. 70억 이상의 유산가가 5만도 안된다. 터미네이터의 사나이 슈워제네거가 휴스턴 대학교 졸업연설에서 한 진실의 말을 상기한다.

"나는 자수성가를 믿지 않는다."

승자가 될 수 없을 바엔 훈육된 몸부터 개선하자. 그들과 다르게 느껴야 그들과 다른 개념을 창안하고, 그들과 다른 세계를 살아낼 수 있다. 개선이 만만치 않을 터다. 왜 그런가?

외롭기 때문이다. 싸움에 여러 번 패했고, 지는 싸움에 지쳤고, 지쳤기에 매력이 없고, 매력이 없기에, 타인과 살갑지 않다. 그리하여 재차 환상을 주조한다. 헛된 전략을 세우고 무모히 덤비지만 이길 수 없다. 또 타인이 삭제된다. 이 지독한 악순환의 고리를 끊어야 대책이 가능하다. 자발적으로 환상을 창안하는 몸을 세척하자. 몸이 먼저다. 한의학 원론서 《황제 내경》의 충고를 듣는다.

"보지 않고 듣지 않고
 정신을 고요히 하면
 육체는 저절로 단정해진다."

자극을 닫고 몸을 회복시켜야 스스로 비천하게 만드는 생활의 꼴을 재정비할 수 있다. 살아 있는 한 우리는 결코 패배자가 아니다. 단정한 몸으로 내 존재에 침투한 노폐물을 걸러낸 뒤, 회복된 몸으로 세미한 전략을 짜자. 몸이 회복되면 기회는 열린다. 어떻게 가능한가?

의사 이국종의 말따나, "한국 사회엔 전통적으로 어느 분야나 노가다(사무직 임노동이 아니다)를 뛸 사람은 없기" 때문이다. 몸 쓰기를 혐오한다. 몸의 부패다. 그러나 이 망가진 지점이 기회다. 지혜라 포장된 지식 권력에 대한 저항의 무기요, 돈으로 무장한 자본 권력을 감당하는 용기가 이 몸이다.

우리는 뻘뻘 땀을 흘리는 쾌감에 익숙하다. 신경림이 "가난하다고 해서 사랑을 모르겠는가"라고 썼을 때, 그 사랑의 중심엔 무지막지한 고통의 무게를 매양 책임지는 가난한 사람들의 근성에 대한 응원이 있다. 8월 더위에 시커먼 아스팔트를 깔 수 있는 몸, 1월의 추위에도 보초를 설 수 있는 몸, 디스크가 녹아내려 구부정한 허리에도 김을 매는 몸, 오징어 배에 올라 그물을 꿰는 그 몸이 있다. 거꾸로 사유하라. 바디우의 권고를 듣는다.

> "지혜에 대한 어리석음의 우위,
> 강함에 대한 약함의 우위는
> 지배 정신의 소멸을 명할 수 있다."

4.
지혜와 강함이 없어도 승리할 수 있다. 제대로 살고픈 욕망이 전장의 깃발이요, 각자의 생활이 그 전쟁터인 까닭이다. 내 전략을 소개한다. 다수의 공감 촉발을 원치 않는다. 제대로 살고픈 쾌활한 투쟁이 단 한 명에게 깊이 박혀 쇠락하는 진보에 최후의 보루가 되었으면 하는 바람이다.

첫째, 일찍 일어난다. 나는 4시에 깬다. 차를 끓이고 책을 연다. 하루를 지배할 문장을 잡는다. 아침놀을 극진히 맞이하는 것이다. 빛이 세포에 닿기 전, 나는 내 심장의 활기로 하루를 연다. 태양보다 성실해야 그림자를 압제할 수 있다. 이 전략의 핵심은 10시 이전의 취침이다. 밤의 유혹을 애써 무시하라. 밤은 고뇌를 돕는다. 어둠의 탁한 기운과 결별하는 것이 좋다. 생활이 단순해질수록 몸은 밝아진다.

둘째, 관계를 단순화시킨다. 좋은 관계는 많지 않으나 나쁜 관계는 모두에게 있다. 민활히 대처하지 않으면 체제는 정과 우를 빙자삼아 기습 작전을 펴, 승리를 방해한다. 보초를 게을리 하면 생활을 붕괴시킬 수 있다. 내 전화기에 연락처가 네 명 뿐인 이유다. 친구 둘, 제자 하나, 아내가 끝이다. 나머지는 죄다 손님이다. 손님은 은혜를 주지도 해를 입히지도 않기에 적절한 거리에서 적합한 긴장을 유지할 수 있다. 이 전략 덕에 인간에 대한 미움이 줄었다. 대상이 없기에 질투도 없다.

셋째, 생활의 일관된 규칙 정립이다. 1시간 낮잠, 두 번의 산책, 제때의 식사, 나머지는 제대로 살기 위한 몰입의 시간이다. 주말엔 식구들과 느슨한 시간을 보낸다. 오늘이, 10년 뒤, 내 존재 역량에 기여하는 일상을 반복한다. 충분히 숙성시켜야 저 반지빠른 체제의 술수에 대처 가능하다.

요컨대 일찍 일어나고, 관계를 줄이고, 규칙적으로 산다. 이것으로 충분하다. 장담컨대 지속할 수 있다면 제대로 살고픈 욕망에 패하지 않고, 쾌활히 일상을 누릴 수 있다. 손자는 이렇게 말했다.

"힘이 아닌 계략으로 이긴다."

남들이 버린 생활의 풍요를 독점할 수 있다면 제대로 살고픈 욕망에 승리자가 될 수 있다. 실질의 시간을 누리지 못하는 세계가 보수가 지배하는 이 엉터리 세계인 터라, 보상은 삶 그 자체다. 탁월함은 소수만을 충족시킨다. 보수가 지배하는 자본주의 세계에서 제대로 살겠다고 욕망하는 사람은 소수고, 그들은 바로 나 자신이어야 한다. 생활만은 양보하지 말자. 생계를 위해 돈을 벌어도, 그 이후의 시간만은 오롯이 내 권리다. 그 시간까지 훈육된 관성의 몸에 지배 받지 말자.

"모든 것을 소유하려는 사람은
모든 것을 단념해야 한다."(에크하르트)

5.
치욕을 감당하는 것은 인간이 아니라고 공표하는 것과 같다.

"천천히 걷는 사람이라도
 언제나 곧은 길만 걷는다면
 사람이 곧은 길에서 벗어날 때보다 다리는
 훨씬 앞으로 나아갈 수 있다."(데카르트)

5계명: 안정의 유혹에서 탈주하라!(事)

저는 무직입니다.
지배의 이익에 봉사하지 않아요.
저는 혼자입니다.
외롭되 비굴하진 않습니다.
'무직과 홀로서기',
제 존재의 등대입니다.
저는 진보입니다.

1.

다이아몬드 금반지가 내 손가락에 걸려 있다. 푸른 청춘 시절 사랑을 과시하고픈 충동에 보석 세공사 친구에게 부탁했는데, 녀석은 어떤 과정으로 획득했는지 알 수 없는 소쇄한 다이아몬드를 박아 주었다. 환급성이 좋지도 않고, 독보적 문양의 세련됨도 없으나, 20년의 시간이 반지에 고유성을 입혔다.

나는 결혼식을 올리지 않았다. 낡은 의례라 고집한 탓이다. 연즉 이 반지는 영혼 서약의 징표가 됐다. 막내는 자신에게 물려달라고 조른다. 영속한 시간의 상속을 욕망하기에 아마 그리 될 듯싶다. 물질의 향유는 그쯤이면 족하다. 소크라테스의 충고를 상기한다.

 "너무 가난하지도 너무 부자여도 좋지 않다."

진보는 자유의 역사를 추동하는 존재다. 매혹적 유혹이라도 억압을 허용치 않는다. 덜 가지면 더 자유롭다. 시고로 물질의 애착에 따른 높은 비용 청구서를 거부할 줄 알아야 한다. 물욕은 농밀한 생활의 깊이를 소거시킨다. 절제는 굴욕의 방패다. 진보는 무릎 꿇지 않는다.

 "역사의 역동성은
  최대로 허용된 풍요로움에서 생겨나는 것이 아니라,
  최소로 강요된 절제에서 생겨난다."(말테 호센펠더)

2.
　　"모든 것은 남의 것이지만 시간만은 내 것이다."(세네카)

존재는 시간이다. 확보된 시간이 없으면 삶은 허탈할 수밖에 없다. 나는 이 긴급한 문제를 위해 안정의 유혹으로부터 탈주하기로 했다. 진보란 사는 법을 아는 존재가 아니라 아는 대로 사는 존재인 까닭이다. 나는 반지와 함께 근 20년을 버텨온 직장을 떠났다. 교사였고, 공무원이었으며, 안정과 보장의 울타리 안에서 차분했다.

이제 방탕하게 살겠다는 뜻인가. 그럴 수도 있고 아닐 수도 있다. 환갑이 넘어야 연금이 수여된다 하니, 순탄한 리듬으로 넋 놓고 세월을 축낼 순 없는 노릇인 터라, 방탕을 생활에 밀착할 여유가 없거니와, 나는 여태 돈을 벌어야할 지경이고, 다만, 시간의 사치는 꽤 밀도 높아져 방탕한 시간을 열어주었다. 남의 생이 아니라 내 생을 찾겠다는 고집으로써의 자유라 명기해 두자.

직장에서 벗어나 해방의 쾌락을 전충하기 위함이 아니다. 기어이 그렇게 하지 않을 수 없었기 때문이다. 나는 절실하다. 시간이 많지 않다. 인생은 일발이다. 중요한 가치를 내일로 미루지 않기로 했다.

　　"내일에 의지하는 것을 줄이기 위해서는
　　 오늘을 확실히 확보해 두어야 한다."(세네카)

3.

100년으로 가정했을 때 우리에게 배당된 시간은 876,000이다. 겨우 여섯 자리 숫자다. 그중 하루 8시간씩 수면하고, 2시간씩 밥을 먹고, 8시간 이상 일을 하거나, 학교에 간다. 657,000시간이다. 고작 219,000시간 남는다. 이 귀한 시간을 어떻게 소모하는가? 출근길 이동으로, 벗들과의 담화로, 스마트폰과 TV 시청으로, 때마다 밀려오는 소소한 사건들에 휘말려 거의 소거한다. 오늘을 확실히 확보할 시간은 진시 귀하다. 우리가 행복에 집착하는 이유다. 삶에 확신이 들어설 여유가 없으니 포만의 징표로 세운 말이 행복이다. 행복의 사전적 뜻은 "생활에서 충분한 만족과 기쁨을 느끼어 흐뭇함"인데, 생활의 만족은 최고를 쟁취하는 것이 아니라, 최악을 막는 편이 좋다. 최고의 만족은 애초 불가하다. 인간 욕망에 끝은 없다.

"행복에 집착할수록 행복하지 않다는 것은 자명하다."(쇼펜하우어)

세속은 행복을 내세워 삶을 표준화시키려 한다. 예컨대 청춘은 현재를 즐겨야(carpe diem)야 하고, 중년은 지위를 확보해 안정을 수립해야 하며, 노년은 일하지 않고 온전히 살 자산이 확보돼야 한다. 이 모든 것을 감당할 수 없을 땐 소확행이라도 제대로 해서 덕후 소리를 들어야 손해 보는 인생이 아닌 것이다. 모든 것이 꽉 짜여 있다. 행복까지도 억압인 것이다. 이 완강한 명령으로부터 탈주해야 진보의 시간이 열린다. 진보는 누구나 각자 주체다.

4.
그나마 덜 불행하게 사는 법, 그러니까 시간을 확보하는 법은 세 가지다. 생존을 위한 쉼의 시간을 줄이거나, 관계를 끊어 돌발 사건의 출현을 봉쇄하거나, 사직서를 내는 것이다. 앞선 두 방법이 차가운 요령이고 마지막 선택은 뜨거운 도발이다. 할당된 시간의 양 또한 마지막 것이 월등하다. 일자리가 삶의 여유나 우정보다도 비싼 집착인 체제 속에서 잘못된 선택은 완전한 몰락으로 갈 수도 있다.

연즉 나는 사직했다. 도박이다. 시름도 깊다. 책임져야 할 식솔도 있다. 푸념 없이 기다리는 아내에게 죄책감이 든다. 그러나 "진보 자체는 그 명료한 개념에 의해서 원활하지 못한 활동, 자신을 위한 초월, 부정성으로 짐 지워져 있다."(마르쿠제) 용납할 수 없는 불만에 반항하며 진보는 앞날을 세운다.

> "인간사에 있어서 모든 진보가 예외 없이
> 불만에 찬 인물들의 업적이라는 것보다
> 더 확실한 것은 없다."(존 스튜어트 밀)

불만에 꽉 찬 인간일수록 과감해질 수 있고, 과감한 인간일수록 존재의 시간을 확보할 수 있으며, 그 확보된 시간의 질이 세상까지도 진전시킨다. 불만의 밝은 말은 비판이고, 비판의 목적은 개선이기에, 진보는 불만을 비판으로 전환해 세계에 기여하는 세력이다.

5.
"우리의 길은 위로 나 있다."(니체) 경쟁에서 이기라는 권고가 아니다. 표준화된 경쟁은 위험을 연기하는 조잡한 도전이자, 이길 수 없는 싸움에 아까운 존재의 시간을 탕진하는 어리석음이고, 짐짓, 경쟁을 지배의 동력으로 삼는 보수에게 꼬리 내리는 행티다. 그들은 이겨야 안전히 제 쾌락을 영속할 것이라 선전한다. 공정성의 시대가 끝났어도 유혹은 유효하다. 차라리 인생의 한계를 독단적으로 터득하는 편이 낫다.

"인생의 한계를 배운 사람은
결핍으로 인한 고통을 제거하고,
삶 전체를 완전하게 만드는 것이 쉬운 일임을 안다.
그래서 경쟁을 포함하는 행동을 필요로 하지 않는다."(에피쿠로스)

한계 체험은 고독한 시간에 숙달된다. 고독이 선물하는 자생력은 그 한계가 없다. 홀로 충만할 때 삶은 온전하다. 완벽하게 외로울수록 온전히 살아낼 수 있다. 시간이 녹록치 않다. 고민할 겨를이 없다. 할 수 있는 최대치를 끌어 올려도 시간은 기다려주지 않는다. 선택을 내려야 길이 열린다. 확신을 장착하고 내 삶의 잉여 시간을 아끼고 또 아껴야 한다. 계산할 틈도 없다. 마키아벨리는 이렇게 말했다.

"나는 소심하기보다는 과감한 편이 낫다고 생각한다."

6.
"일이란 의미가 있어야 한다는 생각을 버려야 한다."(에릭 호퍼)

만사에 포만감을 감각할 충분한 의미 있는 직장이란 없다. 임금노동은 생존을 위한 임무다. 소속의 안정으로부터도 자유로워야 좋다. 소속 또한 자기실현의 기회를 왜곡시킨다. 직함은 주체의 수사가 아니다. 제 삶을 애무하는 인간은 살기 위해 일할 뿐, 일하기 위해 살지 않는다.

"일이 끝난 뒤에는 실질적인 생활이 시작되어야 한다."(호퍼) 잠시라도 좋다. 완벽하게 임금노동에서 벗어나 생활을 시작해 보자. 장기 여행도 좋지만 남들이 가는 곳은 피했으면 한다. 인터넷 접속도 끊자. 세계는 넓다. "천 개의 숨겨진 생명의 섬이 있다."(니체) 그 섬에서 삶의 복권 능력을 다시 배우는 것이다. 진짜 존재를 온전히 체험했으면 한다. 자기 삶을 생생히 긍정하는 인간만이 인류의 진보를 믿는다.

"사유 속에서만 생체험은 대상이 된다."(딜타이)

삶 자체가 보호 장치 없이 스스로 드러나는 경지를 인식하는 것이다. 인식하는 내가 인식되는 내가 되는 것이다. 나를 완벽히 낯설게 주조하는 것이다. 안정의 유혹에서 이탈하는 것이다. 불안이 안전에 복속돼 있을 때 출현하는 것이기 때문이다.

7.
딜타이는 "작가는 고통 받는 능력을 지니고 있다"고 했는데, 나는 모든 인간이 고통을 책임지며 진보적이고도 창의적인 삶의 고유성을 구축할 수 있다고 믿는다. 안정의 유혹으로부터 탈주하면 누구나 가능하다. 우리는 죄다 작가이기에 진보다. 작가는 고통을 회피하지 않는다. 상승을 소원하는 창조적인 자에게 핑계는 없다. 고통에 얼지 않는다. 일리치는 항암 치료를 거부하며 이렇게 말했다.

"(현대 사회는) 고통에 대한 예술적 필요성을 없애버렸고,
개인적이며 고결한 행위를 점차 무미건조하게 만들어 버렸다."

생의 마디마다 선명해 지기로 하자. 기승전결과 희로애락의 상승과 하강의 흐름을 톺아보자. 나이를 시간으로 환산해 세미한 전략을 짜자. 청춘이라면 열정의 노예가 되지 않기 위해 애쓰자. 중년이라면 책임의 그물에서 살짝 빠져 나올 용기를 실천하자. 노년이라면 완숙한 제 인생의 무늬를 타인과 나누는데 전력하자.

우리는 세계의 주변에 사는 것이 아니라 존재의 중심에 산다. 백년을 산 다 해도 백만 시간도 되지 않는다. 겸손하게 살며, 눈치 볼 겨를이 없다. 하루라도 빨리 결정하고, 한 시라도 이르게 결행하자. 덜 불행해지려면 더 위험해지는 수밖에 없다. 안정은 존재의 의미를 예술적으로, 그러니까 고유하게, 다시 말해, 대체 불가하게 승화시켜주지 않는다. 두 번의 생은 불가하다.

8.
안정의 빵을 요구할 것이 아니라
불안한 희망에 싹이 되기로 하자!
진보를 위하여~

"스스로 무엇인가를 할 능력이 없는 사람에게,
 자유란 따분하고 번거로운 부담이다."(에릭 호퍼)

6계명: 새파란 아이들 곁에 머물라!(生)

와인빛 저녁 노을보다

녹차빛 새벽 하늘에 감염되었으면 합니다.

오랫동안 밤의 유혹들에게 눌려

아침의 발랄함에 무력해 왔습니다.

깨어나, 뛰어보죠.

머뭇, 머뭇

횡보하는 삶은 진보가 아닙니다.

1.
초록은 푸르다. 푸른 녹지, 푸른 강토, 푸른 청춘이라 말하고, 신호등도 파랗다 칭한다. 푸르다는 '풀답다'와 친교관계다. 생명의 빛깔이 풀의 움틈과 융해한 말버릇이다. 명작의 최초 덕목이 기운생동인 이유인즉, 예술의 본원도 생명인 터다. 생명은 기적이다. 살아 있음 그 자체가 진리다. 퐁티는 《눈과 마음》에 이렇게 썼다.

"생명을 파괴하는 데는 우연으로 충분하다.
 생명이 존재하게 하는 데는 그 어떤 우연으로도 불충분한데."

초록을 창조하는 생산자는 식물뿐이다. 나머지는 죄다 소비자다. 양도 많다. 새봄이면 기연히 대지는 초록으로 덮인다. 연이나 초록을 취하기란 까다롭다. 염료는 없는 것과 마찬가지고, 안료는 공작석이나 구리의 이차광물 혹은 녹토 정도가 있다.

초록은 수두룩하되 비속하지 않다. 시고로 흔한 존재들이 만물의 기반이다. 우리는 민초라는 말로 그 당위성을 현시한다. 목숨의 생산자는 식물의 엽록소가 담당하고, 사회의 원기는 허다한 민초들의 땀과 피로 일군다. 평등은 추구해야 할 가치가 아니라, 이미, 그 자체가, 세계의 원리고, 그 평등을 기초로 주조한 민주주의는 보편적 이치인 셈인 터라, 생산자가 제 몫을 떳떳하게 요구할 권리는 합당하다. 계급은 오래된 허구다. 풀과 민초가 주인이다. 생명엔 높이가 없다. 생존은 그 자체로 온전한 놀라움이다. 듀이의 주장을 듣는다.

> "생존을 계속하려고 노력하는 것은 생명의 본질 그 자체이다.
> 이 존속은 끊임없는 새로워짐을 통해서 확보되는 것이므로,
> 생활은 자기가 새롭게 되는 과정이다."
>
> 《민주주의와 교육》

퐁티와 듀이의 의견을 따라 나는 다신교도가 되었다. 두 신을 믿는다. 푸른 생명에 근접한 아이들이다. 신들과 나는 최대치로 접선한다. 매일 밥을 먹고, 책도 읽고, 입을 맞추고, 끌어안으며, 손을 잡고 잔다. 우리에겐 사적 시공간이 없다. 연즉 나는 이 시대가 바라는 좋은 아빠가 아니다. 아이들의 사적 자유를 허가하는 태도가 능숙한 어른의 자질이라 믿지도 않는다. 신을 섬기지만 그리스와 로마인들처럼 내 잘못을 신들의 탓으로 돌릴 때도 많다. "철학이란 이미 알고 있는 것을 정당화하는 대신 얼마나 어떻게 다르게 생각하는 것이 가능한지를 알려고 하는 것(푸코)"이고, 진보의 삶은 기존의 것을 정당화하는 버릇이 아니다.

나보다 큰 신은 스파르타의 개혁가 리쿠르고스를 좋아하고, 나보다 작은 신은 아테네를 섬긴다. 스파르타의 개혁가 리쿠르고스와 전쟁과 지혜의 신 아테네를 숭앙하는 까닭은 그리스인의 자존심을 망실하지 않았던 작가 카잔차키스가 한 이 말에 대한 응원이리라.

> "명예를 존중하는 사람의 관점에서 볼 때
> 오늘날의 세상은 불공정하다."

2.
나는 아이들을 섬기는 신앙의 힘으로, 선생 노릇을 할 때, 다소 일찍 등교해 1학년 교실에 들르곤 했다. 여러 해 그리 살았다. 서리가 녹기 전, 칙칙한 교실에서 적막과 홀로 다투는 짐짝처럼 던져진 한 아이는 작은 책상머리에서 무엇도 할 수 없는 공허한 처지로, 시간의 휘발만을 소원하며, 더디 가는 분침을 물끄러미 바라보고, 하릴없이 생명의 원기를 소모시키며, 급박한 내 내방을 애잔히 기다렸고, 우린 옆구리를 찌르고 간지러움을 피고, 놀았다.

30년 전 이야기가 아니다. 한 아이는 해마다 있었다. 짐작컨대 이른 나이에 고독을 강제 학습한 그 여린 몸들은 서늘한 고독을 세포의 깊은 곳에 차곡차곡 쌓아두고는 선진국의 끝물에 올라탄 불공정한 대한민국을 쉬이 용서하지 못할 것이다. 그 한 아이는 내 아이일 수도 있고, 옆집 아이일 수도 있다. 우리는 생산 속도를 유지코자 생명에 무심해졌고, 생명의 최전선인 아이들의 생기에 경탄할 감수성을 잃었다. 불공정한 세계에 적응한 것이다.

나는 이 버려진 가치의 틈에서 호사를 누린다. 사랑받기 위해선 사랑하면 된다. 푸름을 숭상하고 초록을 곁에 둔다. 생명에 기대면 생기를 얻는다. 아이들과 제대로 논다면 불안에 흔들릴 겨를조차 없다. 주요한 곳에 힘을 소비하는 습관만으로 족하다. 부차적인 것에 관심을 갖는 천박한 버릇은 단절해야 한다. 군더더기 없는 삶이 좋은 삶이다. 좋은 삶이 진보적 삶이다.

3.

스피노자는 충만의 삶은 "푸른 초목을 즐길 줄 알고, 사는 곳을 꾸밀 줄 알며, 음악, 운동, 예술과 같은 것들을 즐기는 일"이라 했다. 생명에 충일함이면 충분하다. 다만 녹록치는 않다. 초록색을 인위적으로 얻기 까다롭듯, 풀의 숭고를 감각하거나, 아이들과의 무능한 놀이에 감염되는 과정이 체질 변화를 요하는 까닭이다. 향수에 젖으면 헛발질 할 수 있다. 단발의 변화는 지속되지 않는다. 땀을 뻘뻘 흘리는 무용한 놀이에 적응해야 한다. 쾌락의 구조가 바뀔 때까지 진득해야 좋다. 유용한 일에 존재 에너지를 죄다 소비하며 주조된 이 몸을, 운동장에 공 하나만 있어도 온종일 충만할 수 있는 몸으로, 바꿔야 하는 것이다.

피곤할 것이고 지루할 것이다. 누구나 할 수 있지만 아무나 할 수 없는 과업이다. 체질 개선에 요령이 어디 있던가. 방송인 이금희는 22년간 아침 방송을 해야 했기에 아침형 인간인 줄 알았다가, 일을 그만두자마자 9시까지 자는 제 자신을 보고 이런 말을 남겼다.

"나는 아침형 인간이 아니라 아침 월급형 인간이었구나."

이런 몸에 고독은 필연이다. 새벽 놀의 기백보다 넷플릭스의 자극에 겁탈당하는 것이 우리네 몸이다. 바꿔야 한다. 함빡 아름다운 이 삶을 헛되게 소비할 순 없다. 제대로 살고픈 욕망과 진보의 꿈은 같다. 서둘러야 한다. 다소 늦었다.

4.
죽은 것들의 꼬임에 강탈당할 때, 소모되는 것은 단지 내 봉급이 아니라 삶 그 자체다. 낮은 땅에, 진득한 현실에, 당연한 사실들에 생활을 바짝 붙여 생명의 직접성을 회복해야 한다. 만족하면 이미 부패한 것이다. "좋은 사회란 지금 이 사회가 결코 충분치 않다고 생각하는 사람들이 살고 있는 사회다."(바우만) 하이데거가 제 자신에게 한 권고를 듣는다.

> "인간은 지상의 모든 것을 남김없이 지배하여
> 무제한적으로 이용하는 이 땅의 주인이 아니라,
> 존재의 세계 안에 거주하는 존재의 이웃으로서
> 만물을 아낌없이 보살펴야 할 삶의 과제를 떠안고 있다."
>   《숲길》

그람시는 "만인이 철학자라는 원칙이 먼저 확립돼야 한다"고 했는데, 나는 모든 사람은 진보주의자라는 원칙을 수립해야 한다고 주장한다. 세계의 맹목적 발전이 아니라 생명의 가치를 치켜 세울 수 있는 존재만이 아름다운 지구별에 살 자격이 충분하다. 대리자는 없다. 우리 모두는 각자, 홀로, 온전한 생명체다. 세계는 나(현존재)를 관통해 존재에 닿고(하이데거), 나는 생명의 흘게를 야무지게 묶어 내일을 낳는다. 회피하지 말자. 진보는 과제를 권리로 받는다. 생명의 존중을 포월해 생명 그 자체를 전망으로 믿어야 한다.

5.

민초를 응원하다, 불에 타 죽은, 브루노는 모든 존재는 최소자라 했다. 최소자는 수학적으로는 점이고, 물리적으론 원자며, 철학적으로 단자다. 점이 원자가 되고, 원자가 단자로 변이하는 과정이 생명의 활기다. 무한의 최대자가 개체의 최소자로 침범하는 계기 또한 생명이다. 생명을 돌보지 못하면 우리는 영어의 몸과 같다. 연즉 "오늘날 정상적인 삶은 실은 예속된 삶이다."(김재인) 파농은 죽어가는 제 생명을 보듬기 위해 스스로를 이렇게 다그쳤다.

"오, 내 육체여
나를 끊임없이 회의하는 사람으로 만들어 다오!"

의심하고, 의혹하고, 의념할 때, 생명은 친근하다. 깔깔 웃고 뻘뻘 뛰는 천하의 근심이 소거된 존재들인 아이들과 매양 붙어 살아야 할 이유다. 그들은 생명의 샘이다. "샘은 샘솟기를 바라는 그곳"에 있고,(지드) 그곳은 매섭게 달려드는 상승 욕구에 있다. 생명 곁에서 생의 흥미는 무궁히 현존한다. 이 쉽고도 흔해빠진 진리의 요령을 생활에 낱낱이 붙이는 인간이 진보적 전망을 세운다. 꾸준한 지속이 요구된다. 한 시절의 영광이 아니라 구석구석 존재 전반에 관여하는 이정표다.

"실천은 한때의 폭발이 아니다.
실천은 인간 세상의 질서를 지속적으로 창조하는 것이다."(파농)

6.
단호히 말한다.

　　푸른 생명 곁에 머물라.

간접화법이 윤리적이고, 확신이 폭력으로 기록되는 시대에, 감히 이런 감연한 표현을 써도 되는가. 괜찮다. 내면 한 구석에 송곳 닮은 무기 없이 어찌 이 폭력적 세계를 감당하겠는가. 우리는 구경꾼이 아니고, 삶은 허구가 아니다. 내가 신을 섬기는 이유는 실용적이기까지 하다.

　"인생에 있어서의 가장 큰 불행 속에서도
　　어린아이라는 버팀목이
　　있으면 우리는 용기를 내게 된다."(바슐라르)

고난을 경험한 이들은 안다. 어린아이의 방긋한 웃음만으로 세계 전부를 얻는 환희를 맛볼 수 있다. 이 확실한 것을 버리고 불확실한 가치에 매여 살 이유가 있는가. 게다가 생명을 곁에 붙이는 일은 삶을 창조하는 일이기도 하다. 할 수 없다고 단정치 말라. "인간은 삶을 딛고 올라서야 한다."(쇼펜하우어) 기존의 것을 보수하는 한 우리는 죽은 사물과 다르지 않다. 사람은 사물이 아니다. 창조하지 않으면 파괴할 수밖에 없다.(프롬) 진보는 창조의 힘을 모신다. 가까운 진리, 진짜 진리, 너무나도 현실적인 진리 곁에서 웃자.

7.
진리는 생명의 담론이다.

"자유로운 인간은 죽음을 아무것도 아닌 것으로 여긴다.
 그의 지혜는 죽음에 대한 명상이 아니라
 생명에 대한 것이다."(스피노자)

7계명: 버릴 것을 사지 말라!(義)

몸은 낡지 않습니다.
세월은 몸을 발효시켜 익히죠.
정신은 그 숙성된 몸으로 정기를 발산합니다.
좋은 몸은 젊은 몸이 아닙니다.
시간에 익어 숙성되는 것들을 취하십시오.
귀한 몸에 결코 버릴 것을 입히지 말았으면 합니다.

1.
사물과 인간의 시간은 틀리다. 벅벅이 다름이란 말랑한 형용은 충분치 않다. 사물은 죽음과 투쟁하지 않는다. 이 틀림의 간극이 인간이 사물을 탐하는 연고다. 욕망의 근간이 존재 그 자체(有:살아 있음)인 까닭이다. "진정한 초월성은 사물의 초월성"이라 말하는 사르트르의 탁견은 유한한 인간(생명)이 감히 무한의 경지(사물)와 만나는 생생한 체험을 긍정하겠다는 의욕이리라. 그러나 위엄 높은 소유는 무소유만큼 까다롭다. 돈이 많아도 취향은 허접할 수 있다. 졸부들의 촌스러움은 여태 완강하다. 사물의 지배는 정신의 연마만큼 훈련을 요구하는 것이다. 따라서,

  "사물은 과격하다."(사르트르)

사르트르는 유한한 인간을 힐난하며, 유혹하는 사물을 지배하길 바랐다. 자유의 초월성을 본질에 두었던 칸트나 헤겔 같은 순결한 관념론자들과 그는 달랐다. 인간과 사물이 접선하는 민활한 맛을 긍정하고픈 전사적 포부다. 진보적 투쟁가의 기질이다. 무한으로 존재하려는 욕망이 인간이란 존재의 본질(개념)보다 빨라야 한다. 존재는 무한을 바란다. 영생은 보편적 이상이다. 그러므로,

  "존재는 본질에 앞선다."

2.

사물에 무지하면 실존은 무기력한 것이다. 길들인 야생마가 명마이듯, 극복된 분노가 고결한 사랑을 증명하듯, 과격한 사물의 본성을 유연히 다룰 수 있을 때, 진보적 솜씨는 진보적 앞날을 전망한다. 시고로 사르트르는 철저히 의복을 정비하지 않는 날은 외출하지 않았다. 빈약한 외모와 어긋난 몸의 비율을 옷으로 보완했고, 은닉했으며, 뽐냈다. 그는 바람둥이였다. 사물을 지배하는 자는 젊은 몸을 지닌 머저리들보다 근사하다. 멋내기에 무심한 예쁜 보부아르는 왕왕 핀잔을 들었다.

넥타이를 버린 뒤에도 그는 질 높은 스웨터와 블루종 자켓과 길이와 폭이 정확하게 맞는 트라우져(그것은 바지가 아니다)만을 입었다. 노년의 그는 여전히 바람둥이였다. 비슷한 시대를 살아냈던 내 아버지도 닮았다. 아버지가 옷을 대하는 태도는 자못 숭고하기까지 했다. 구겨진 바지와 셔츠를 입지 않았고, 자주 세탁소에 갔으며, 비포장 길을 걸으면서도 구두를 손질했다. 80년대 반도 외곽에 기생하는 가난한 살림과는 어울리지 않았기에, 아버지의 태도는 식구들의 미움을 샀으나, 나는 아버지의 편이었다. 사르트르가 《말》에 박아 놓은 다음 문장에 대한 긍정이었으리라.

　　"아이들은 누구나 자기가 진보한다는 것을 알고 있다."

3.

나는 손자뻘 되는 늦둥이인 터라 귀여움을 받았기에, 그 혐오가 날렵하진 못했거니와, 내 옷이 맵시에 적합하지 못했을 때, 즉각 어머니를 나무랐는데, 어머니는 공장에서 일을 마치고 난 뒤, 자정을 넘겨서까지 바느질을 하고는 새벽에 도시락을 싸고, 다시, 공장을 나가야 하는 사납도록 근면을 강요받은 몸이었기에, 옷이란 사물에 숭고를 붙여 사는 아버지를 이해해 낼 순 없었으나, 나는 아버지의 훈계로 수선된 옷을 받는 느낌이 나쁘지 않았다. 몸에 맞는 옷을 입고 등교하는 날엔 야릇한 건공잡이적 자존감이 솟기도 했다. 헐렁한 복장으로 겨우 수치심을 은폐했던 또래들과 나는 옷의 취향으로 구분되었다. 다만 아버지는 사르트르적이었으나 어머니는 보부아르를 알지도 못했다. 이해할 수 없는 가치에 고통을 당해야 했던 내 어머니는 문맹이다. 어머니를 희생삼아 아버지는 내게 옷이라는 사물의 직접성을 깨닫게 했다. 구두끈을 일곱 살 때부터 맸고, 열세 살 때엔 타이를 묶는 법을 배웠으며, 다림질도 서툴지 않았던, 내 강제된 배움은 교복을 입을 때나 군대에서 전투화를 닦을 때, 경제적 형편을 숨기고 계급적 우월성을 자랑하는 수단이었고, 나는 나를 연기하는데 그 수단을 이용해 열등감 없이 성장한 수수한 도련님마냥 우쭐 대곤 했다. "내 목표는 오직 나 자신을 드러내는 것(몽테뉴)"이었다. 인정투쟁은 치기들의 태초 의욕이다. 내 몸과 옷은 그 의욕의 밑절미다.

4.

마르크스를 익히고, 루카치, 아도르노, 그람시, 로자를 일상에 비빈 뒤, 내가 물려받은 옷을 대하는 태도가 속물적 사치라는 양심의 가책을 느끼고는 등산복에 추리닝(트레이닝복이 결코 아닌) 차림으로 동네 아저씨처럼 살았다. 타이에 딤플을 잡는 법을 잊었고, 재킷은 잠바로 대체되었으며, 구두는 버렸고, 운동화를 아울렛에서 매년 다시 샀다. 진보를 표방하면서 유물론을 버린 것이다. 순결한 관념주의자가 돼 버린 것이다. 물질에 대한 가책이 사물에 무능한 몸을 주조했다. 나이가 익어갈수록 사물을 대하는 내 형편없는 태도가 관성적 습관처럼 감각됐다. 중년의 나는 내 모습이 마음에 차지 않았다. 나는, 내가 모방하고픈 진보적 인사들의 사진을 노량으로 톺아보았다. 마르크스는 제 얼굴의 이미지와 복장이 조화로웠고, 루카치는 제대로 재단된 젊은 날의 수트를 노년까지 관리해 입고 있었으며, 아도르노의 옷맵시는 날이 서 있었고, 그람시는 이탈리아 남부 출신답게 흐르는 원단의 자연스러운 착장을 익히고 있었으며, 로자의 숙녀복은 정갈하고 말쑥했다. 앙리 까르티에 브레송이 찍은 파이프 담배를 물고 있는 사르트르의 사진 또한, 그의 철학처럼 시대에 저항하면서도 날렵했다. 그들의 몸은 그들의 옷과 피부처럼 밀착돼 있었다. 나는 어떤가. 정갈하되 콧대 높은 것들이 옷장에 한 벌이라도 있던가. 아버지처럼 오래 숙성할만한 좋은 구두라도 한 켤레 장만해 두었는가.

사물의 이치를 깨닫지 못하는 둔한 습관이 과연 진보적인가. 관성적 편의를 사물에 집착하지 않는다는 정의감으로 변색하고는 스스로 진보적이라 착시하는 것은 아닌가.

나는 옷에 대한 최소한의 취향을 복원키로 했다. 급변의 세상에 복장 형식은 다행히 내 아버지 시대의 것과 별반 다르지 않았다. 여태 내가 좋아하는 옷은 유년시절 내 아버지가 골랐던 그 옷이고, 내가 입고 싶던 옷도 내 아버지가 차려 입었던 그 옷이다. 나는 단단히 다짐했다.

버릴 것을 사지 않겠다!

귀인이 도왔다. 아름다움의 객관성을 현시하는 책들을 소개해 주었고, 몸으로 배운 지식을 전수했다. 그는 《판타지아 이탈리아나》를 썼고, 《스타일 앤 더 맨》을 번역했다. 나는 그의 말을 쌈지로 계획을 세우고 착장 습관을 바꿨다. 운동화는 운동 때만 신고, 등산복은 숲과 산에 갈 때만 입고, 잠옷을 장만했다. 내 몸의 수치를 재고 외웠다. 비례에 입각한 상의의 길이를 치수로 계산하고, 그 비율을 찾는데 여태 고투중이다. 멋쟁이들의 취향도 엿보았으나 사물과 거리 두고 살았던 지난날보다 부자유스런 생활이 이어지고 있기는 하다. 사물에 엮여들어 정신 수행의 자유가 망실될 것 같은 근심도 없지 않다. 그러나 나는 믿는다. 생활에 밀착된 습관의 깊이가 미래적 전망을 세운다.

4.

진보는 사물에 무능하다. 사치와 향유를 착각하고는 좋은 품질을 비싼 상품과 조급히 등가해, 지어(至於) 좋은 사물을 취하는 데 죄악감까지 느낀다. 비싼 것이 좋은 것이 아닐 가능성에 대해 둔하다. 리쾨르트의 말따나 "이성 혐오증에 빠진 유행 철학은 학으로서의 철학의 죽음"인 것처럼, 안일한 삶을 탈세속적이라 믿고 스스로 진보적이라는 착각은 생활의 죽음이다. 비문명인들이 더 나은 인간은 아니듯,(아도르노) 사물에 둔하다 해서, 좋은 삶은 꾸려지지 않는다. 유행의 복판 속에 인간은 제 존재의 개성을 절충시키려는 몸부림이라도 강하다. 짐멜의 말을 듣는다.

> "유행이란 사회적 균등화 경향과 개인적 차별화 경향 사이에 타협을 이루려고 시도하는 삶의 형식들 중에서 특별한 것이다."

유행은 소속의 안정감과 개성의 돌발성 사이에서 존재의 포만을 놓치 않으려는 몸부림이다. 유행에 민감한 이들이 생의 에너지를 살벌하게 붙잡는 이유다. 그들은 냉철하진 않아도 냉소적이진 않다. "사회적 관점으로 보면 유행은 계층적 차이의 산물(짐멜)"인 까닭에, 상류층에 몸 담고 싶은 애틋한 원초 욕망에, 그들은 매양 뜨겁다. 나는 이들을 비난하는 촌스러운 진보에서 빠져 나오기로 했다. 의식적으로 유행에 둔한 것조차 특별한 제 존재 실력이 마련한 생활 양식이 아니라 사회적 선례를 부정한 행위(짐멜)일 뿐이다.

5.
삶과 죽음(존재와 무)의 긴장을 돌파하는 생활의 실력이 인격의 질이다. 사물과 생명의 투쟁 강도가 주체의 농도다. 사물의 과격성(즉자)을 지배하는 실력자가 밀착된 생활로 제 존재를 깨울 수 있다. 그 예시가 1390년대 르네상스 피렌체인들이다. 그들은 모방하지 않았으나 좋은 취향을 장착하고 살았다. 모두가 고유한 방식으로 차려입고자 했기 때문이다. 최고는 유행의 힘에 휘몰리지 않는다. 진보도, 보수도 아닌 어중간한 계층이 시대정신이란 형용으로 포장된 유행을 쫓는다. 사물을 더 높은 긍지로 승화해 정신과 잇지 못하는 것이다. 유행에 민활한 상승의 욕구는 젊은 한 시절로 충분하다. 숙성으로 성숙을 만들 요령을 취할 때, 높은 취향을 갈고 닦을 때, 젊은 몸보다 유연한 매력을 구축할 수 있다. 시간에 녹은 숙성된 완숙미보다 아름다운 젊음은 없다. 멋있게 나이듦은 오래 숙달한 달인만이 누리는 호사다.

내 몸에 나보다 전문가는 없다. 내 몸의 비율은 스스로 찾아 내야 하는 것이다. 키와 얼굴의 비례에 맞는 바지와 자켓의 길이, 피부와 조화로운 셔츠와 타이의 색, 그리고, 한 세기쯤 버틸만한 구두 정도는 선진국이라 판명한 우리가 욕망할 합당한 사치가 아니겠는가. 그러나, 반복컨대, 우선 기억할 것이 있다.

결코 버릴 것을 사지 말라!

6.
할 가치가 있는 일은 행하기 어렵고,(플라톤)
살 가치가 있는 것은 취하기 어렵다.

"바탕이 겉모습을 넘어서면 촌스럽고(미국)
겉모습이 바탕을 넘어서면 형식적이다(영국).
겉모습과 바탕이 잘 어울린 후에야
군자다운 것이다."

-공자, 《논어》

8계명: 제대로 먹어라!(食)

곰팡이와 연애 중인 메주
아찔하게 매달린 복숭아
술 빚는 냄새
바람으로 만나는 생명의 연동
비빔밥과 리소토의 섞임
달콤한 인생!
La Dolce Vita

1.

아담은 무화과를 씹어 먹었다. 맛을 보았고, 죄를 지었고, 신의 자격을 잃었다. 반면 그는 먹는 쾌락으로 웃었고, 그 기쁨으로 이브와 몸을 섞었다. 삶의 자격은 먹을 권리다.

뱀은 타락의 설계자요, 인간의 인도자다. 천상(피안)보다 대지(차안)가 존재의 근간이라 꼬드겼다. 공회전의 시지포스적 고통을 현세의 낭만으로 포장한 이 광고는 여태 부조리한 실존의 명분이다. 우리는 뱀의 환상을 믿기에 내세의 욕망을 기꺼이 포기한다. 거지도 최종일까지 동냥한다. 먹어야 살고, 살아야 먹는다. 식음은 영생과 교환한 영광이다. 반지빠른 자본가도 대신 먹어줄 비서를 고용치 못한다.

내가 보는 것은 타인도 볼 수 있고, 내가 듣는 것을 타인도 들을 수 있고, 내가 보는 책을 타인도 따라 읽을 수 있으나, 내가 먹는 것만은 타인이 먹을 수 없다.(짐멜) 피투된 삶이 고독한 주체의 책임이듯,(사르트르) 식음은 실존의 '절대적 배타성'이다.

인간은 각자 먹고 각자 죽는다. 그러므로 "인간의 경우 그 뿌리는 인간 자신이다."(마르크스) 식음은 개인이, 그때마다, 스스로 해소할 책무이자, 존재의 업보이며, 본태적 쾌락이다. 인간은 각자 먹고, 각자 살아낸다. 이 절대적 배타성에 대한 배려와 심려와 고려가 문명의 질이다. 진보는 이 질을 개선하는 의욕이다.

2.

식음의 배타성은 파괴지향적이다. 이 살벌한 폭력성의 완충이 문명이다. "창 대신 욕을 쓴 놈이 문명의 창시자다."(프로이트)

서양은 빵과 포도주를 예수의 몸과 피로 받든 성찬식 문화로 식음의 배타성을 극복했고, 동양은 제사상을 꾸려 공동의 토대를 마련했다. 교양 높은 사회일수록 그 기준은 까다롭다. 시고로 "젓가락질 잘해야만 밥 잘 먹나요?"란 질문은 여린 소녀(년)의 맹목적 반항과 같다. 젓가락질은 경직되고, 야만적이며, 이기적인 식음의 본능을 유연하고, 품격 높은, 초개인적인 문화로 승격시킨 피와 고난의 역사다. 그것은 시지포스적 공회전의 시간을 영광의 문명사로 주조한 건설적 고투이자, 배타적 개별성을 포용적 보편성으로 치환한 인간성의 깊이다. 죽음의 창을 퇴출한 욕이다. 수명이 존재의 질을 답보할 수 없듯, 비천한 식음은 누추한 외설적 문화의 습식일 뿐이다.

도구를 이용해 먹는다는 사실만으로도 식사의 미학적 토대는 튼튼한 것이다.(짐멜) 절대적 배타성의 자연적 개인주의에 반할 때, 식음은 식사가 되고, 음식은 요리가 되며, 요리는 문화예술로 승화해 문명의 미학을 세운다. 품격 높은 식사는 인간이 영생과 교환한 환희의 거래다. 제대로 먹어야 제대로 살고, 제대로 먹을 수 있어야 제대로된 인간이다. 그러므로 진부한 식사는 상투적 삶을 인출한다. 상투적 삶은 보수의 것이고, 진보는 첨단의 주체다.

3.
꿈은 고난이다. 식음을 향한 진보적 개선의 꿈도 고단한 것이다. 어제와 같은 음식으로 그럭저럭 입에 풀칠하고픈 관성이 끈덕진 이유다. 그러나 전망은 어둡지 않다. 예술품이 숙련의 고통을 요하는 간접 관망인 반면, 식탁의 세련됨은 침범하도록 매혹하는 빠르고 직접적인 충동인 탓이다.(짐멜) 미술관은 어루만지기 까다로우나 밥상은 배운 바 없이도 친근하다. 문사의 전투가 전자라면 무사의 전투가 후자다. 전자는 선택적이고 후자는 가차없다. 미술관의 욕망은 참을 수 있어도 밥상의 충동은 대책없는 것이다. 무사시는 이렇게 말했다.

"검술의 진정한 도라고 하는 것은
 오직 적과 싸워 이기는 것이며
 이것을 제외한다면 아무것도 없다."

진보의 신화는 음식의 힘인 것이고, 그 힘은 삶을 애증할 구체적 틈새다. 시고로 혼밥은 반문명이고, 배달음식은 자기소외다. 혼밥은 문명이란 공동의 틀을 거스르고, 배달음식은 문명의 미학적 창달로부터 스스로를 이탈시킨다. 밥상의 유혹으로부터 이격된 생활은 존재 실력이 미지근해 매혹을 거부하는 비겁한 사내의 꼴과 같고, 게으른 무사의 무뎌진 칼날과 같다. 휘어잡힐까 두려워 사로잡히길 꺼리는 비겁함은 혼밥과 배달음식의 생활양식으로 경화되는 것이다. 완강한 소외다.

4.
제대로 먹는 법을 구체화시킬 요령을 소개한다. 로마의 문화를 계승한 이탈리아다. 서구를 답습하자는 취지가 아니라 서구로부터의 열등감을 세척하기 위해 제대로 알자는 뜻이다. 개선의 뜻이다. 진보의 뜻이다.

이탈리아 요리는 세 가지 과정으로 압축된다.(하잔) 첫째는 바투토다. '때리다'는 말이다. 도마 위에 칼을 내리쳐서 재료를 잘게 때린다. 돼지기름, 파슬리, 양파 등을 다져 섞고, 마늘, 샐러리, 당근을 추가하기도 한다. 바투토는 파스타 소스, 리소토, 수프, 수많은 고기와 채소 요리의 바탕이자 기초공사다. 시간을 차분히 인내해야 풍미를 살릴 수 있다.

둘째는 소프리토다. 바투토를 익히는 과정이다. 냄비나 팬에서 기름에 살짝 튀겨 양파가 투명해지고 마늘이 옅은 갈색이 될 때, 바투토는 소프리토가 된다. 주재료를 넣기 직전의 지난한 여정이다. 재료의 특성에 따라 순서를 완강히 지켜내야 한다. 분별력 없는 음식은 사료와 다를 바 없다.

셋째는 인사포리레다. '맛을 주다'는 의미다. 소프리토한 바탕에 채소나 다른 주재료를 넣고, 재료의 풍미가 그 재료의 겉면에 완전히 녹아들도록 센 불에서 힘차게 볶는다. 고도의 집중력이 요구된다. 장인과 소인의 차이는 마감능력이다.

이탈리아 음식은 차분한 바투토로부터 분별 있는 소프리토를 지나 거침없는 인사포리레로 완성되는 것이다. 음식의 맛이 만족스럽지 못할 때는 거의 이 세 방식을 어설프게 흉내냈기 때문이다. 조리자의 숙련에 따라 완성미가 달라진다. 처지보다 의지고, 물질보다 정신이며, 재료보다 실력이다.

이탈리아 음식엔 오트 퀴진(haute cuisine: 고급요리)이 없다. 마르첼라 하잔은 《정통 이탈리아 요리의 정수》서문에 이렇게 그 이유를 박아 놓았다.

"이탈리아 요리에는 높고 낮음이 없기 때문이다.
 모든 길은 집으로, 그리고 가정식으로 통한다.
 이 경구만이 이탈리아 요리를 설명할 수 있다."(하잔)

생활에 붙인 식문화다. 고급 요리를 독점하고, 찬양하고, 부가가치를 산출해 계급을 분화하는 불화의 자본이 아니라, 각자의 가정에서 공생하는 식구들과 매일 매일의 고단한 일상을 위로하는 시간의 무늬인 것이다. 이 정통이 오래된 미래다. 르네상스가 최상의 진보인 이유다. 고운 식문화는 고급 식당의 숫자가 아니다. 배타적 개별성을 집안의 온기를 채워 식구로 엮는 존재의 실력이다. 특식의 이벤트식 만족은 천민적 자기 과시일 뿐 만인에게 설득력을 줄 수 없다. 진보는 특권의식의 절멸을 바라는 세력이요, 돈 없이도 부끄럽지 않게 사는 생활인이다.

5.

나는 시꺼먼 짜장면과 붉은 라면을 좋아한다. 채도가 높고, 거칠며, 투박하다. 밖에서 허기로울 땐 짜장면을 먹고 안에서 헛헛할 땐 라면을 끓인다. 내 몸은 외부로부터 검정에 내부로부터 붉음에 익숙하다. 짜장면과 라면은 홍수처럼 밀어 닥쳐 말초적 쾌락을 자극한다. 나는 그 공격적 입맛으로 위로받는다. 시꺼먼 사회와 불같은 가난이 준 취향이다. 대한민국의 프롤레타리아의 다수는 나와 닮았을 것이다. 이 익숙함이 나를 위로한다. 오랫동안 외식은 짜장면, 일요일 아침엔 라면을 먹었다. 합성의 맛은 식구들에게도 흘러들었다. 못살았던 궁상을 훈장인냥 포장해 사랑하는 식구들의 입맛까지 망쳐 버린 것은 아닌가. 생활의 진보가 이념의 진보를 자극한다. 내 식구들이 이제 시꺼먼 짜장면과 붉은 라면을 좋아하지 않는 이유다. 나는 내 식습관이 부끄러웠다. 진보의 밑단까지 실천하지 못한 탓이다. 진보는 난해한 수학문제가 아니라 질퍽한 체력장이다. 고도의 능력과 집중도가 요구되지 않고, 끈질긴 근성과 악다구니가 필요하다. 아이들에게 이탈리아 음식에 익숙하도록 종용했다. 내 처에게도 은밀히 강요했다. 그녀는 하잔의 책을 매일 보고 익히는데 성공했고, 내 식구를 재료의 맛을 삭제시킨 저 검정과 붉음의 막무가내식 폭력으로부터 보호하고 있다. 존재의 깃발은 음식의 토양에 꽂힌다.

"지상의 삶이 만족스러우면
　가상의 천국을 열망할 필요가 없다."(데이비드 흄)

6.
"추상과 구체의 괴리는 소외다."(프레드릭 제임슨) 식사라는 일차적 내용이 진보의 고차적 형식으로 지양되는 것이다. 삶을 개선하려면 "가까운 것은 먼 것이고, 먼 것은 가까운 것(레비스트로스)"의 이치가 직접성의 목구멍으로 감각돼야 한다. 그러나 현금의 우리는 식음을 톺아보지 못한다. 좋은 음식은 배려되지 않는다. 젓가락질의 품위를 염려하고, 배려하며, 허기를 채우는 식음과 향유하는 식문화의 차이를 구축해 낼 겨를이 없다. 각자, 대충, 생존의 위협으로부터 허기의 위장을 위로할 뿐이다. 제대로 먹지 않는 까닭에 소외와 싸우고 싶은 욕망은 각자 해소할 과제로 추락했다. 어떻게 해야 하는가?

> "우선 제대로 살고 싶다는 욕망을 가져야 한다!"(자크 아탈리)

제대로 살고 싶다는 욕망의 단서는 제대로 먹는 시간의 응축에 의해 양식화된다. 이 양식을 통해 생리적 식음 현상은 미학적으로 생활을 진보시킨다. 식사의 품격에서 진보의 정서가 움트는 것이다. 제대로 먹는 인간만이 신을 죽일 긍지로 웃는다. 신에게, 열등감을 장착하지 않을 권리의 연료가 음식인 까닭이다. 날로 보수화되는 세계의 밑절미는 나날이 대충 먹는 문화다.

> "신화는 스스로도 모르는 사이에
> 인간의 몸속에 스며들어 온다."(레비스트로스)

7.
최대치로 최고의 것을 누려라. 건방지게, 콧대 높게!

"어째서 마음껏 먹은 손님처럼 인생을 뜨지 않는가?"

-루크레티우스

9계명: 좋은 집에 살아라!(住)

존재의 집이 필요합니다.
어둔 고독과 오롯이 접견할 실질적 보금자리,
세계의 원소들과 내 몸의 원소들이 공명할 쉼터.
탐심을 부려 보시지요.
진짜 집이 있어야 진짜 인간입니다.

1.

"인간의 꿈은 본디 물질적이다."(바슐라르)

만물과 만나는 직접성이 꿈을 진보시킨다. 보수가 고도의 추상으로 꿈을 환치시켜, 신경과민증에 시달리다, 꿈 자체를 포기하게 하는 전략은 이 꿈의 물질성과 연동한다. 물질의 포만과 멀어질수록 꿈은 소망(消亡)한다. 물질의 위로 없는 삶은 꿈 없는 삶과 같다. 육체와 만나는 실질적 풍요가 꿈의 진보다. 다만 물질은 상품이 아니다. 과잉 물건이 물질의 본질을 대변할 순 없다. 물질주의엔 물질이 없다. 물질은 헛것이 아니다. 그것은 물, 불, 흙, 공기와 같은 세계의 원소들이다.

원시 인간 때부터 교섭했던 물질의 위로가 고유한 꿈을 증폭시켰다. 삶에서 심층적인 문제들은 거의가 육체와 부대끼는 물질의 직접적 산출물이다. 진보적 꿈은 물질과 인간이 엮은 운동에 의해 생기한다. 인간은 실질적 꿈의 창조물이지 추상적 필요의 창조물이 아닌 까닭이다.

세미한 물질과의 결정적 체험이 내 육체에 층층 켜켜이 쌓여, 영혼을 춤추게 돕고, 미래의 등불을 밝힌다. 유년시절에 벗들과 흔쾌히 놀며 맡았던 불냄새, 땀을 식혀주던 한 여름 정오의 나무 그늘 바람, 운동장 모래에 대한 촉감, 냇가에 담겼던 포근한 내 발의 기억이 꿈의 심층 잣대다.

이 잣대가 자라나는 최초 공간이 집이다. 만물과 몸이 만나는 시발처요, 꿈의 제작소다. 자유를 체험하고 존재의 고유성을 답보할 보금자리다.

시고로 집 없는 육체는 고단하다. 꿈을 포기한 인간이 개선될 수 없듯, 꿈의 제작소 없는 인간이 뻘뻘 웃을 순 없다. 좋은 집은 생활을 춤추게 한다. 지치지 않을 공간의 위로 속에 끝까지 제대로 살 동력이 충전된다. 진보는 존재들의 이정표인 바, 좋은 집에 사는 것은 꿈 꿀 권리다. 다소 늦었는가.

집없는 사람이 많거니와 있는 집에서도 원소의 상상력을 키우기 까다롭다. 우리가 사는 집은 물질의 상상력을 발휘하기엔 너무 높고, 과히 배타적이다. 콘크리트와 철의 조합은 존재를 서늘하게 식힌다. 실질의 풍요가 누락되었기에, 세계의 원소가 육체와 교접하는 감각이 둔화되었다. 방법이 없는가.

삶은 반드시 사회적 억압을 추월한다. 고독을 비용이 아닌 생산의 땔감으로 삼는 존재들은 사회적 한계를 극복하는 쾌락으로 삶을 진보시킨다. 잿빛 아파트가 물질과의 교류를 차단해, 고독을 증폭한다면, 그 고독을 발판 삼아 물질과 재회할 기회를 만들면 될 일이요, 세계의 원소들(물,불,공기,흙)과 만나는 틈을 재주조하면 될 일이요, 틈새라도 찾아 존재의 활기를 복권하면 될 일이다. 변명을 찾는 습관은 실패의 반석이다.

2.
물

물은 유동성, 정화, 쉼의 원소다. 좋은 집에서 물은 일상의 리듬 속에서 고요히 흐른다. 이 막힘 없는 흐름이 육체를 정화시키고, 삶을 성찰할 틈을 준다. 창문을 두드리는 빗소리, 따뜻한 목욕의 포근함, 하루를 시작하는 차 한 잔의 순간들을 체험할 때, 꿈은 무르익어 진보하는 것이다.

잔잔한 연못이 하늘을 비추듯, 물의 고요한 흐름은 감정을 정리하고 생각을 맑게 한다. 좋은 집은 이 흐름을 수용하며, 움직임과 고요함의 대칭 즉, 행위과 휴식의 균형을 유지할 수 있도록 돕는다. 최대한 물과 교접할 시간을 늘리는 것이 좋다.

장마철을 기대하자. 빗줄기가 창문을 적시는 소리를 듣는 순간은 삶의 흐름을 받아들이는 의식과도 같다. 단독주택에 산다면 마당 한켠에 작은 연못을 파고, 고요한 물결을 톺아보며 평온을 찾을 수도 있다. 목욕탕의 따뜻한 물속에 몸을 담그는 기회를 늘려, 온 세상이 부드러운 물속에 녹아드는 듯한 기분을 살리고, 매일 하루의 피로를 씻는 것도 한 방법이다. 물은 우리 삶의 가장 깊은 감정을 감싸는 부드러운 품이다. 물의 흐름은 마음을 정화한다. 겨울철엔 내리는 눈을 잡아 입가에 머물게 하자. 물에 민감할수록 몸은 피로로부터 자유롭다. 물은 쉼의 자궁이다.

3.
불

불은 온기, 열정, 공동체의 중심을 상징한다. 불을 품위 있게 다루는 집은 마음을 모으고, 존재의 깊이를 나눈다. 불꽃은 인간의 진보를 이끄는 연대를 품고 있다. 꿈을 결속시키는 것이다. 모닥불이 만인의 추억인 이유다. 품에 안긴 듯한 온기가 인류의 정서를 위로하는 까닭이다.

불과의 만남을 온전히 누리기 위해 주방을 살리고 외식을 줄이자. 하루에 한 번은 불이 있는 식탁에서 음식을 나누자. 설령 혼자일지라도, 직접 불을 다루며, 조리한 음식을 먹는 과정은 세계의 본질에 대한 성찰과 존재의 의미를 톺아볼 여유를 제공한다. 손수 만든 고운 음식은 타인과 공명하고픈 충동까지 일깨운다. 불의 내적 울림을 통해 흩어진 꿈은 중심을 찾고, 삶의 방향은 보다 선명해진다.

불을 지혜롭게 다루는 것은 단순한 기술이 아니다. 존재를 가꾸고 세계를 조율하는 방식이다. 불을 현명하게 다루는 집은 온기와 열정이 넘치는 거처가 된다. 불의 열정이 꿈의 생기를 돕고, 꿈의 생기가 보다 나아지는 진보적 삶을 추동한다. 불의 중심에서 대화를 나누자. 먹먹하고 서늘한 내 꿈이 우리의 꿈이 된다. 붉은 깃발 아래 응집해 인간은 혁명을 완수했고, 촛불의 기운으로 저 끔찍한 적폐들을 물리쳤다. 불을 현명히 다룰 때 꿈은 알맞게 익는다.

4.
공기

공기는 개방성과 영감을 상징하며, 우리를 세계와 연결하는 흐름이다. 진보의 꿈을 펼치다 배신과 모략으로 고독이 세포 깊숙이 박혀 있을 때조차, 바람의 목욕이 가능하다면, 꿈은 금새, 재차, 열린다. 세계와 고된 일과를 끝장낼 때도 한숨 한 번만으로도 우리는 고통을 달래고 내일의 영감을 얻는다. 공기는 고독과 고통을 청소한다. 창이 열리고 바람이 스며들어 방을 휘감으면, 정신은 살아 숨 쉬고, 육체는 해방의 감각으로 재생된다. 세계의 거대한 흐름 속에 내가 살고 있음을 공기는 일깨운다. 육체가 자연과 숨으로 연결된 집에서 살 때, 우리는 진보의 날개짓을, 그 끈질긴 인내와 순결한 근성의 신화를 감당할 수 있다.

생활에서 모험의 용기를 생산하려면 공기와의 교접을 늘리는 것이 좋다. 단절되지 않는 흐름의 공간은 고통과 고독으로부터 삶을 수호한다.

집을 공기의 자유로운 흐름에 열어두자. 밀도 높은 도시 탓에 불가하다면 과감히 집을 옮기도록 하자. 자산의 증식을 포기하면 얻을 수 있는 풍요는 상상 이상이다. 보다 나은 내일을 꿈 꿀 용기가 누락되는 나이가 되기 전에, 너무 늦어 꼭 같이 살 수밖에 없는 날이 되기 전에, 내 삶이 고장나기 전에 공기의 흐름이 개방된 집에 살도록 하자.

5.
흙

흙은 존재의 근원을 상징하는 원소다. 안정성과 뿌리, 지속을 품고 있다. 삶과 죽음을 잇는 원소다. 삶의 불확실성 속에서도 흙은 생명의 근원을 상상케 돕는다. 허공의 불안이 재미로와 오늘을 달뜨게 할 순 있어도, 내일의 어둠까지 박멸하진 못한다. 바닥에서 충분해야 삶의 줏대가 서는 것이다. 물은 흐르고, 불과 공기는 뜨지만, 흙은 중력에 꽉 붙어 흐름과 뜸의 요란함을 잡는다.

흙은 집의 뿌리이자, 생명의 시작이다. 맨발로 흙을 밟을 때, 우리는 단순히 자연을 접하는 것이 아니라, 존재의 근원과 다시 연결되는 깊은 평온을 경험한다. 내가 돌아갈 곳과 마주하는 것이다. 시고로 흙의 촉감은 내면에 뿌리내려 삶을 잡아준다. 집은 삶을 살아가는 방식의 물리적 표현이기에 흙과 함께 순환하는 숙명인 것이다. 흙에 붙어 있어야 진짜 집이다.

고층보다 저층에 살도록 하자. 저층보다 1층에 살도록 하자. 1층보다 마당에 살도록 하자. 바닥으로 내려올수록 생명은 안식한다. 흙은 만물이 출발한 곳이자, 내가 돌아갈 곳이다. 흙 없이 꽃은 피지 않는다.

"흙을 만질 때 비로소 삶의 진실한 향기를 느낀다."(간디)

6.
집은 보금자리다. 보금은 '포근하다'의 포금(布衾)에서 파생돼 편안하게 쉴 수 있는 공간의 뜻으로 발전했다고, 학자들은 추정한다. 요컨대 좋은 집은 포근한 보금자리다.

보금자리는 세계의 원소가 조화를 이룬다. 물이 마음을 달래고, 불이 온기로 공명케 돕고, 공기가 영감을 주고, 흙이 지탱할 때 편안하고, 그 평안함으로 우리는 대범해진다. 보금의 확보가 꿈을 진보시킬 용기를 주조하는 것이다. 진보의 꿈들은 그 용기로 개화할 수 있다. 세계를 지배하는 기득권 보수가 보금자리 마련을 그토록 까다롭게 만드는 이유다. 단단하면 길들이기 까다롭다. 포근한 실질의 보금자리를 확보하기 위해 싸워야 한다. 높은 아파트를 독점하겠다는 투쟁이 아니라, 만물과 실질로 만나는 생활을 허가하라고 요구해야 한다. 물질의 포만을, 그 포근함의 실질을, 배짱 높게 바라며 요구해야 한다. 이를 위해 보금자리의 실질을 매양 상상해야 하는 것이다.

"상상할 줄 아는 자는 원할 줄 안다."(바슐라르)

집은 우리의 기억과 감정이 깊이 스미는 장소다. 제 자신을 비추는 거울이며, 우리가 살아가는 방식의 은유이기도 하다. 시고로 집은 아름다워야 한다.

"미는 윤리적 선의 상징이다."(칸트)

7.
집에 대한 상상력에 기름을 붓자.
집은 "인간 운명을 땅과 하늘의 운명과 연결하는 다리(하이데거)"다.
좋은 집을 향한 그 원초적 꿈을 향해 돌진하라!
삶은 기다려주지 않는다.

"주머니 속에 도면을 넣고 다니며
 오랜 시간 대지를 찾았다."(르코르뷔제)

10계명: Enneads 진보의 계명(斷)

유혹됨도 불안이고,
유혹함도 불안이며,
성공해도 불안하고,
실패해도 불안하며,
모험해도 불안하며,
무력해도 불안하니
불안해서 인생이다.
흔들려서 인간이다.
(   )
미치도록 살아내라.

1. 패배를 포기하라!

당신은 왜, 진보를 믿습니까?
단언컨대 믿기 어렵기 때문입니다.

"시도하기 위해 희망할 필요도 없고,
 지속하기 위해 성공할 필요도 없다."(바르트)

2. 제대로 죽기를 욕망하라!

제대로 살고 싶으신가요?
제대로 죽기를 원하면 됩니다.

"한 명의 인간이 된다는 것은
 최후의 고독을 안다는 것이다."(스코투스)

3. 나를 찾지 말라!

내 안에 나를 죽여야
내 속에 내가 살아납니다.
나 찾기는 신종 종교의 교리죠.

"자본주의는 순전히 제의로만 이루어진,
 교리도 없는 종교이다."(벤야민)

4. 남들이 버린 것을 독점하라!

청개구리를 닮아 보자구요.
꼭 같은 선택은 꼭 같은 후회를 산출하니까요.

"보편성이란 우리의 출신 배경,
 언어, 국적이 타자의 존재로부터
 자주 우리에게 보호막이 되어줌에도 불구하고
 이를 통해 얻게 되는 확실성에 안주하지 않고
 이를 넘어 위험을 감수해야 한다는 것을 뜻한다."(비코)

5. 안정의 유혹에서 탈주하라!

10년 후 오늘이 부끄럽지 않게
20년 뒤 오늘이 비겁하지 않게
30년이 지나가면 오늘이 자랑스럽게
그렇게만 삽시다.
나머지는 죄다 분리수거도 없이 쓰레기통에 던져버리고.

"노예는 생명을 거는 데 있어서 극단까지 가지 않았고,
 승리 아니면 패배라는 주인의 원칙을
 받아들이지 않은 패배자다."(헤겔)

6. 새파란 아이들 곁에 머물라!

사물보다 사람이 더 진리고,
어른보다 아이가 더 진리입니다.
진리 곁에서 춤을 춥시다.

"네 승리와 자유가
 아이를 갈망하기를 나는 바란다.
 너는 네 승리와 해방을 기리기 위해
 살아 있는 기념비를 세워야 할 것이다."(니체)

7. 버릴 것을 사지 말라!

옷장을 비웁시다.
몇 년 뒤,
장인이 지은 옷 한 벌을 장만합니다.
진보는 폼나게 살 자격이 있습니다.

"자신의 개별적인 순간들을 넘어서는 삶은 없고
 언제나 하나이자 전체로서의 삶만이 있을 뿐이다.(짐멜)

8. 제대로 먹어라!

검소히 먹되 제대로 먹읍시다.
하루 한끼만 먹어도 충분합니다.

"좋은 음식과 고운 대화가 있는 곳이 천국이다."(볼테르)

9. 좋은 집에 살아라!

욕심부려 봅시다.
고운 집에 집착하는 정당한 욕심.
정당하고, 합당한 꿈입니다.

"진정한 집은 자신이 자유롭다고 느끼는 곳이다."(니체)

진보의 생활 0201250505
ISBN 979-11-961769-7-6(03330)

2025년 5월 5일 초판 발행
글 김준산
발행 페이퍼르네상스
전자우편 paperrenaissance@naver.com
홈페이지 http://blog.naver.com/ehgus0816

PAPERRENAISSANCE
출판등록 제 2017-000008호